JN444774

국민 한국어 1-1

KOOKMIN KOREAN

KOOKMIN KOREAN

국민대학교 출판부

국민 KOOKMIN KOREAN
한국어 1

초 판 1 쇄 2012년 9월 20일
2 판 1 쇄 2014년 8월 29일
3 판 1 쇄 2016년 9월 26일
3 판 2 쇄 2018년 4월 30일
3 판 3 쇄 2019년 2월 13일
3 판 4 쇄 2020년 1월 3일
3 판 5 쇄 2022년 12월 16일
3 판 6 쇄 2024년 01월 30일
3 판 7 쇄 2025년 01월 20일

편 집 인 국민대학교 국제교육원
집 필 진 정연희, 박근영, 백인선, 최수현, 윤보은
감 수 김호정, 이동은

발 행 인 정승렬
발 행 처 국민대학교 출판부
등 록 1975년 6월 17일 제6-33호
주 소 서울특별시 성북구 정릉로 77
전 화 02-910-4242
팩 스 02-910-4240

인쇄 · 편집 삼아인쇄사
전 화 02-2272-2126
녹 음 (주)예성미디어
번 역 중국어 : 이설화 영어 : 윤상석
변역감수 중국어 : 전긍 영어 : 윤상석

©국민대학교 국제교육원

ISBN 978-89-7812-380-8 14700
978-89-7812-377-2 (세트)

값 20,000원

머리말

2016년 현재 한국어는 사용 인구 13위의 세계적인 중심 언어로 급성장하고 있으며, 한글과 더불어 한국을 알리는 매우 중요한 역할을 수행하고 있습니다. 이러한 맥락에서 한국어의 위상은 전 세계적인 한국어와 한국 문화의 학습 열풍과 함께 앞으로도 한층 높아질 것으로 전망합니다.

국민대학교는 2002년 3월부터 외국인을 위한 한국어교육을 시작했으며, 2016년 9월 기준으로, 세계 35개국 언어문화권의 학습자들이 다양한 목적으로 한국어를 배우고 있습니다. 이렇게 날로 증가하는 외국인 학습자들의 다변화된 요구를 반영하려는 노력의 일환으로 '국민한국어' 시리즈를 개발하고 있습니다.

'국민한국어1' 에는 그간 국민대학교 한국어교육센터가 축적해 온 교수법 및 교육 자료의 연구 · 개발 성과가 오롯이 담겨져 있습니다. 이 교재는 다음과 같은 특성을 지닙니다.

첫째, 학습자가 접할 수 있는 실제적인 상황과 주제를 선정하였고, 다채로운 시각적 자료를 제공하여 학습자들이 흥미를 가질 수 있도록 교재를 구성하였습니다.

둘째, 본 교재는 말하기 능력을 중심으로 읽기, 듣기, 쓰기 능력을 균형적으로 향상시키기 위한 교재입니다. 다양하고 재미있는 활동 중심의 문법, 어휘 및 표현의 연습을 통해 실세계에서 구현될 수 있도록 구성하였습니다.

셋째, 교수자와 학습자를 고려하여 교수 · 학습이 편리하도록 단원을 구성하였습니다. 특히 이 책은 초급 한국어 학습자의 편의를 위해 대화, 문법 설명에 대한 영어와 중국어 번역을 붙였습니다. 이로써 학습자들은 교실에서뿐만 아니라 혼자서도 쉽게 한국어를 공부할 수 있을 것입니다.

'국민한국어1' 를 출간하면서 감사해야 할 분들이 참으로 많습니다. 우선 이 교재의 연구, 개발에 무한한 열정을 쏟아 주신 한국어교육센터의 교재연구개발팀에게 깊은 감사를 드립니다. 그리고 삽화와 사진을 맡아 교재를 예쁘게 꾸며 주신 분들, CD 제작에 도움을 주신 예성미디어 관계자 여러분, 교재 내용 검토와 교정에 수고해 주신 한국어교육센터 선생님들, 번역과 감수를 맡아 주신 여러 교수님들께도 감사를 드립니다. 편집과 출판을 맡아 책을 아름답게 꾸며 주신 국민대학교 출판부에도 감사를 드리고 싶습니다. 또한 교재 제작 전 과정에서 아낌없는 지원을 해 주신 한국어교육센터의 행정팀과 국민대학교 총장님께도 깊은 감사를 드립니다.

앞으로 '국민한국어1' 를 통해 더 많은 학습자들이 한국어를 쉽고 재미있게 배우고, 많은 한국어 교육자들의 관심과 열정을 불러 일으켜 더 효과적으로 한국어를 가르칠 수 있기를 바랍니다. 아울러 이 교재가 한국어교육 발전사에 의미있는 기여를 하게 되기를 기원합니다.

2016년 9월

국민대학교 국제교육원장 윤경우

교재 구성과 사용법

The structure of this textbook and how to use it

국민한국어1은 처음 한국어를 배우는 학습자가 쉽게 접할 수 있는 상황에서의 의사소통 능력을 키우는 데 그 목적이 있다. 이와 같은 목적하에 다음을 염두에 두고 이 책을 집필하였다.
The purpose of Kookmin Korean 1 is to improve communicative competence of learners who are just beginning to learn Korean for the first time, and especially to prepare them for common, everyday situations. With this purpose in mind, this book was written with the following considerations:

- 사용빈도나 난이도 연구를 통해 초급 학습자에게 적절한 수준의 주제를 뽑고 실제적인 어휘나 문법을 선정하였다.
  Having researched the frequency and difficulty of such situations, topics were chosen and practical vocabulary lists and grammar lessons were selected, at an appropriate level for beginners.
- 다양한 연습과 활동을 통해 말하기, 읽기, 듣기, 쓰기 능력이 골고루 길러질 수 있도록 하였다.
  We anticipate that students will develop their speaking, reading, listening, and writing abilities in a balanced way, through a variety of practice sessions and activities.
- 교수자와 학습자가 교수 · 학습이 편리하도록 실제 교사들이 수업을 진행하는 순서로 단원을 구성하였다.
  We designed lessons that would follow the actual order of the class sessions in order to make teaching and learning convenient for both teachers and students.
- 학습자들이 흥미를 가질 수 있도록 다양한 시각적 자료를 제공하여 교재를 구성하였다.
  We designed this textbook providing a variety of visual materials to promote student engagement.
- 이 교재는 한 급을 200시간 공부하는 기관에서 4시간에 1과를 공부할 수 있도록 구성하였다.
  Each lesson in this textbook had been designed to be learned in four hours, to address the needs of institutes that devote 200 hours for each level of language learning.

단원구성 Structure of a lesson

학교생활

목표 : 학교생활에 필요한 표현을 할 수 있다.

5과 | 어느 나라 사람입니까?
문형 : 명입니까? / 입니다, 명은/는

6과 | 그것이 마키 씨 지갑입니다
문형 : 명이/가, 이/그/저

7과 | 제 사전이 아니에요
문형 : 명이에요, 명이/가 아니에요

8과 | 한국어교육센터 사무실이 몇 층에 있어요?
문형 : 한자어 숫자, 단위 명사(층, 호, 번)
명에 있어요

9과 | 도서관은 학생회관 옆에 있어요
문형 : 위치 명사(앞, 뒤, 위, 아래, 옆),
명에 가다

- 주제 Topic
  - 아래에 있는 과들과 관련된 주제를 제시했다.
    Introduces topics related to the corresponding lesson.
- 목표 Objectives
  - 아래의 과를 공부하면서 무엇을 배울 수 있고 이것을 배움으로써 어떤 능력을 기를 수 있는지를 제시했다.
    Presents what will be learned and what kind of abilities will be improved upon by learning them in the following lesson.

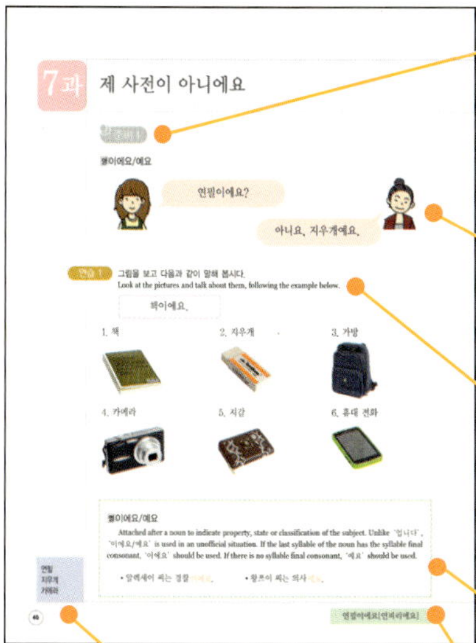

• **준비 Preparation**
– 대화를 구성하는 데 필요한 표현을 학습한다. 보통 한 과에는 문법이나 표현이 2개 정도 제시되고 각 문법은 모두 3개의 연습을 통해 충분히 익히도록 구성되어 있다.
Presents necessary expressions required for constructing conversations. Usually, each lesson presents selected grammatical structures or expressions, and each grammatical structure can be learned throughly through three exercises.

• **기본 대화 Basic conversation**
– 해당 문법을 이용한 기본 대화를 제시하였다.
Presents simple conversations making use of the proposed grammatical structures.

• **연습 Exercise 1**
– 주로 해당 문법의 형태 변화와 같은 단순 연습으로 이루어졌다.
Presents simple practice questions such as changing the forms of the proposed grammatical structures.

• **설명 Explanation**
– 문법이나 표현과 관련된 설명을 덧붙여서 학습자들의 이해를 돕도록 하였다.
Presents grammatical structures or expressions to help facilitate the learners' understanding.

• **발음 Pronunciation**
– 주의해야 할 발음을 [ ] 안에 써 넣어 학습자들이 해당 단어나 구를 소리 나는 대로 쉽게 읽을 수 있도록 하였다.
Presents pronunciations that require special attention in brackets.

• **새로운 단어와 표현 New words and expressions**
– 각 페이지마다 새로운 어휘를 제시해 학습자들이 새로운 단어를 쉽게 알아보도록 하였다.
Presents new words and expressions on each page for easy recognition of new words.

• **연습 Exercise 2**
– 주로 질문하고 대답하는 과정을 통해서 해당 문법이나 표현을 연습할 수 있도록 하였다.
Demonstrates how to practice the proposed grammatical structures or expressions through question and answer.

• **연습 Exercise 3**
– 대부분 학습자가 앞에서 배운 문법을 활용하여 자유롭게 문장이나 대화를 이끌어 낼 수 있는 연습으로 구성되었다.
Demonstrates how to freely create sentences or conversations making use of grammatical structures recently learned.

● 대화 Conversation

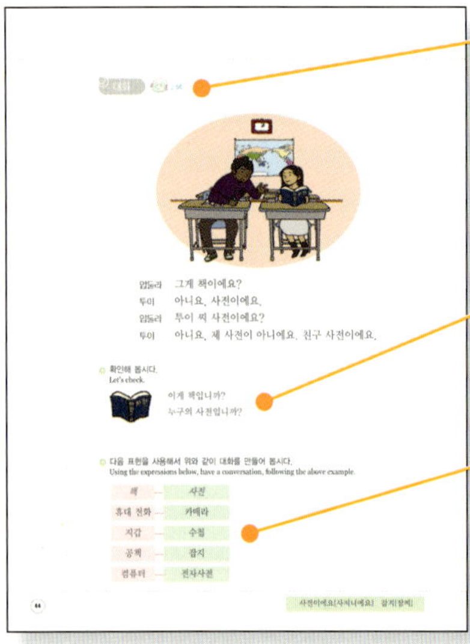

• 대화 Conversation

– 교재의 본문에 해당하며 앞선 '준비'에서 다룬 문법이나 표현을 활용한 긴 대화로 구성되었다.

Equivalent to the other textbook's main text and is composed of long conversations making use of grammatical structures or expressions mentioned in the 'preparation.'

• 확인해 봅시다 Let's check

– 대화를 들은 후 대화 내용을 잘 이해했는지를 확인하는 질문을 삽입하였다.

Presents questions to ensure that students understand the conversations upon hearing them.

• 다음 표현을 가지고 위와 같이 대화를 만들어 봅시다

Using the expressions below, have a conversation, following the above example.

– 본문을 이해한 후, 주어진 단어나 구로 본문처럼 긴 대화를 구성하여 말하기 연습을 할 수 있도록 구성했다.

Constructed for students to be able to practice speaking by having long conversations using the given words and phrases used in the main text.

● 활동 Activity

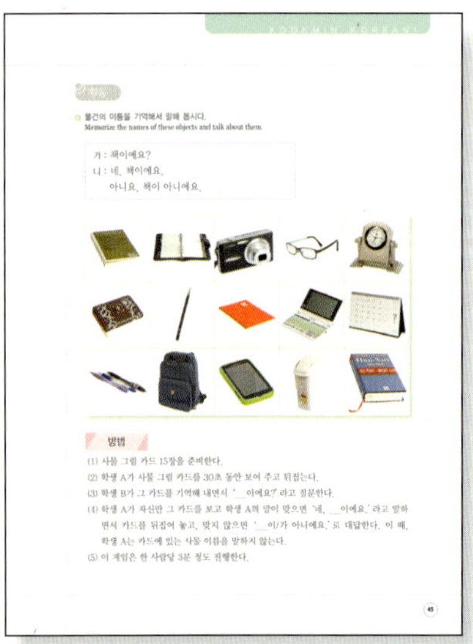

• 그날 배운 문법이나 주제를 활용하여 주어진 상황에 맞게 학습자 스스로 문장이나 대화를 생성해 낼 수 있는 인터뷰, 게임, 역할극 등으로 구성되어 있다.

Composed of interviews, games and role-plays which help students to create conversations or sentences by themselves appropriate for the given situations.

● 읽기 Reading

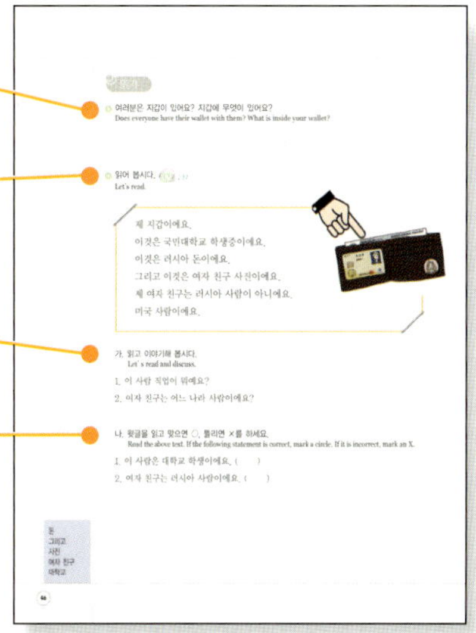

• 읽기 전 활동 Pre-reading activity
- 읽기와 관련된 질문을 통해서 학습자의 스키마를 활성화하여 본문 이해를 돕는다.
Helps student to understand the main text by activating their schema through questions which are related to the reading.

• 읽어봅시다 Let's read.

• 윗글을 읽고 이야기해 봅시다 Let's read and discuss.
- 읽기 지문의 전반적인 내용을 이해했는지 확인해 본다.
Check that students have understood the main themes of the text.

• 윗글을 읽고 맞으면 O, 틀리면 X를 하세요
Read the above text. If the following statement is correct, mark a circle. If it is incorrect, mark an X.
- 읽기 지문의 세부적인 내용까지도 이해했는지 확인해 본다.
Check that students have understood the details of the text.

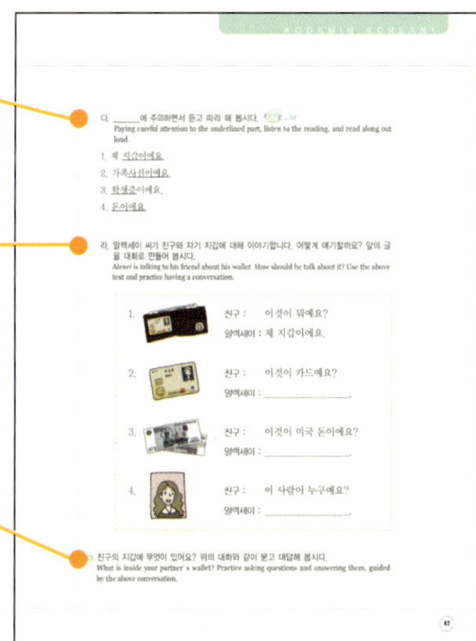

• _____에 주의하면서 듣고 따라 해 봅시다.
Paying careful attention to the underlined text, listen to the reading, and read along out loud.
- 읽기 본문에서 주의해야 할 발음을 연습해 본다.
Practice pronunciations that need special attention.

• 읽은 내용을 대화로 만들어 봅시다.
Practice having a conversation using what you read.
- 읽기 텍스트를 대화로 바꾸어 보는 활동이다.
Practice conversations based on the text.

• 읽기 후 활동 After-reading activity
- 읽고 난 후에 읽기와 관련된 주제에 대해서 스스로 말하거나 쓸 수 있는 활동으로 구성하였다.
Composed of activities in which students can talk or write about the topics related to the reading.

● 듣기 Listening

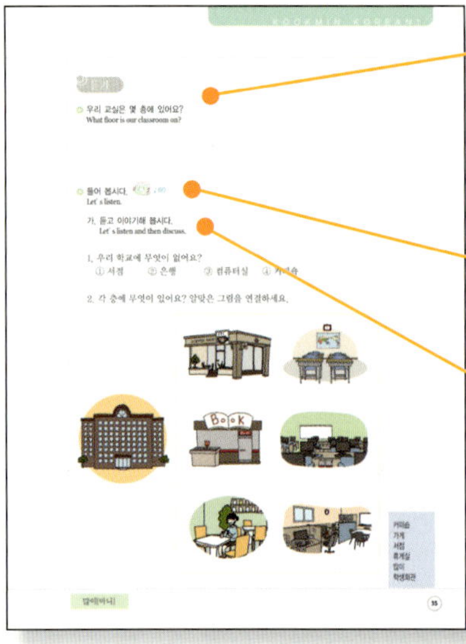

• 듣기 전 활동 Pre-listening activity
- 듣기와 관련된 질문을 통해서 학습자의 스키마를 활성화하여 본문 이해를 돕는다.
  Helps student to understand the main text by activating their schema through questions which are related to the listening.

• 들어 봅시다 Let's listen.

• 듣고 이야기해 봅시다 Let's listen and discuss.
- 듣기 지문의 전반적인 내용을 이해했는지 확인해 본다.
  Check that students have understood the main themes of the listening.

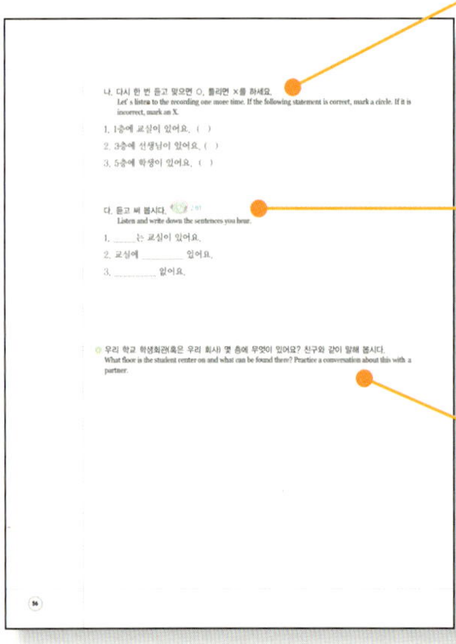

• 다시 한 번 듣고 맞으면 O, 틀리면 X를 하세요.
Let's listen to the recording one more time. If the following statement is correct, mark a circle. If it is incorrect, mark an X.
- 듣기 지문의 세부적인 내용까지도 이해했는지 확인해 본다.
  Check that students have understood the details of the listening.

• 듣고 써 봅시다.
Listen and write down the sentences you hear.
- 들은 내용 중 일부를 정확하게 받아쓰는 연습이다.
  Practice writing parts of sentences correctly after you listen to them carefully

• 듣기 후 활동 After-listening activity
- 듣고 난 후에 듣기와 관련된 주제에 대해서 스스로 말하거나 쓸 수 있는 활동으로 구성하였다.
  Composed of activities in which students talk or write about the topics related to the listening exercise.

● 문화 Culture

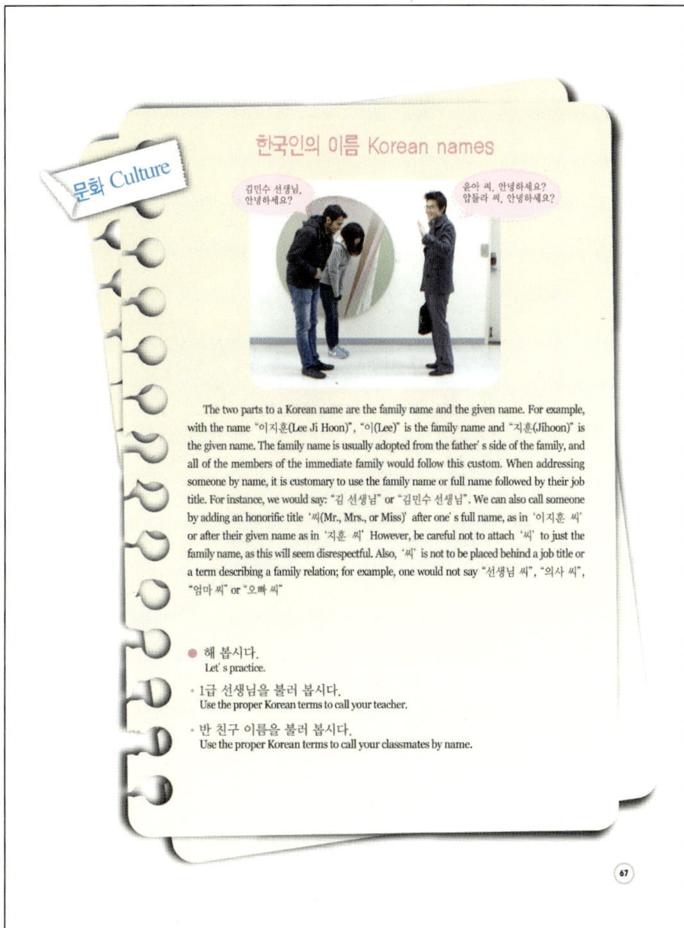
문화 Culture

한국인의 이름 Korean names

The two parts to a Korean name are the family name and the given name. For example, with the name "이지훈(Lee Ji Hoon)", "이(Lee)" is the family name and "지훈(Jihoon)" is the given name. The family name is usually adopted from the father' s side of the family, and all of the members of the immediate family would follow this custom. When addressing someone by name, it is customary to use the family name or full name followed by their job title. For instance, we would say: "김 선생님" or "김민수 선생님". We can also call someone by adding an honorific title '씨(Mr., Mrs., or Miss)' after one' s full name, as in '이지훈 씨' or after their given name as in '지훈 씨' However, be careful not to attach '씨' to just the family name, as this will seem disrespectful. Also, '씨' is not to be placed behind a job title or a term describing a family relation; for example, one would not say "선생님 씨", "의사 씨", "엄마 씨" or "오빠 씨"

● 해 봅시다.
Let' s practice.

- 1급 선생님을 불러 봅시다.
  Use the proper Korean terms to call your teacher.
- 반 친구 이름을 불러 봅시다.
  Use the proper Korean terms to call your classmates by name.

67

- 각 장에 한국의 일상 문화를 소개하고 마지막에 '해 봅시다'를 삽입해서 학습자가 해당 문화 내용과 관련된 실제적인 활동을 할 수 있도록 구성하였다.
  Each lesson introduces a common, everyday aspect of Korean culture, and the 'Let's practice' section is inserted at the end of each lesson for learners to practice practical activities related to the proposed cultural aspect.

차례

CONTENTS

교재 구성

과	제목	문법 및 표현	기능	주제·상황	문화
1과	한글 (1)	자모 익히기 1: ㅏ ㅓ ㅗ ㅜ ㅡ ㅣ ㄱ ㄴ ㅁ ㅅ ㅇ		한글	한글
2과	한글 (2)	자모 익히기 2: ㅑ ㅕ ㅛ ㅠ ㄷ ㄹ ㅂ ㅈ ㅎ ㅋ ㅌ ㅍ ㅊ			
3과	한글 (3)	자모 익히기 3: ㅐ ㅔ ㅒ ㅖ ㅘ ㅝ ㅚ ㅟ ㅢ ㅙ ㅞ 홑받침			
4과	한글(4) 한국어의 기본 문장 구조	자모 익히기 4: ㄲ ㄸ ㅃ ㅆ ㅉ 겹받침 한국어의 기본 문장 구조			
5과	어느 나라 사람입니까?	입니다/입니까? 은/는	인사하기 자기 소개하기	학교 생활	한국인의 성과 이름
6과	그것이 마키 씨 지갑입니다	이/가 이/그/저	물건 이름 말하기		
7과	제 사전이 아니에요	이에요 이/가 아니에요	물건 이름 말히기 틀린 정보 교정하기		
8과	한국어교육센터 사무실이 몇 층에 있어요?	한자어 숫자, 단위 명사 (층,번,호) 이/가 에 있다/없다	번호, 방 호수, 층수 말하기 사물 위치 설명하기		
9과	도서관은 학생회관 옆에 있어요	위치 명사 (앞, 뒤, 위, 아래, 옆) 에 가다	이동하는 장소와 위치 말하기		
10과	빵 한 개에 얼마예요?	고유어 숫자, 및 단위 명사 에[1]	쇼핑하기 개수 세기 가격 묻고 대답하기 물건 묘사하기	일상 생활1	외국인이 자주가는 한국의 명소
11과	저는 지금 숙제를 해요	-아/어/여요 을/를	일상 활동 말하기		
12과	커피숍에서 아르바이트를 해요	안 에서	부정하여 말하기 장소에 따른 활동 말하기		
13과	시장에서 과일하고 고기를 사요	요일 명사 에[2] 하고	날짜와 요일 말하기		
14과	친구가 친절해요	형용사 -지 않다 도	상태 묘사하기 부정하기 첨가의 의미 표현하기	가족과 친구	한국어의 호칭
15과	이분이 아버지세요	가족 와/과, -(으)시-	가족 호칭 말하기 나이 말하기 / 높임말 하기		
16과	저는 커피를 마시겠습니다	-(스)ㅂ니다 -(스)ㅂ니까? -겠-[1]	격식의 문장 표현하기 화자의 의지, 미래의 일 말하기		
17과	제 친구는 몽골에서 왔어요	-았/었/였- 에서 왔어요	과거의 일 말하기 자신의 출신지를 표현하기		
18과	서점에 책을 사러 가요	시간 -(으)러	시간 말하기 특정 장소 방문 목적 말하기	일상 생활2	한국에서의 하루
19과	이번 주말에 뭐 할 거예요?	부터 ~까지 -(으)ㄹ 거예요	계획 말하기		
20과	여자 친구한테 선물을 줬어요	에게/한테 에게서/한테서 -네요	감탄 표현하기		
21과	뭐 하고 있어요?	만 -고 있다	지금 하고 있는 일 말하기		

과	제목	문법 및 표현	기능	주제상황	문화
22과	같이 밥 먹으러 갈까요?	–(으)ㄹ까요? 무슨 –고	제안하기 수락과 거절하기	음식	한국의 식생활 문화
23과	불고기는 맵지 않은 음식이에요	ㅂ 불규칙 동사/형용사 –(으)ㄴ(형용사 관형형)	음식 취향 말하기		
24과	전 냉면을 먹고 싶어요	–고 싶다 –(으)세요 –지 마세요	음식 주문하기		
25과	이 식당은 음식은 맛있지만 좀 불친절해요	–지만 'ㄹ' 탈락 동사/형용사	평가하기 대조하기		
26과	제주도는 서울보다 따뜻해요	보다 –겠–[2]	추측하기 비교하기	날씨와 계절	한국의 찜질방
27과	장마가 끝나고 더워졌어요	–아/어/여지다 –는	계절의 특징 표현하기		
28과	계절 중에서 가을을 제일 좋아해요	중에서 제일 –(으)ㄹ 수 있다	좋아하는 계절과 계절활동 표현하기		
29과	비가 와서 바다에 가지 않았어요	–(으)ㄴ –아/어/여서[1]	이유 말하기		
30과	사거리에서 왼쪽으로 가세요	(으)로[1] –(으)니까	길 찾기 상황에 맞게 제안하기	교통	티머니
31과	버스로 30분쯤 걸려요	(으)로[2] ㄷ 불규칙 동사/형용사 에서 ~까지	교통수단 이용방법과 소요시간 묻고 대답하기		
32과	삼각지역에서 내려서 6호선으로 갈아타세요	–아/어/여서[2] 르 불규칙 동사/형용사	목적지 찾아가기		
33과	예약할 수 없으면 어떻게 해요?	–(으)면 –(으)ㄹ	조건, 가정 말하기		
34과	집에서 쉬거나 친구를 만나요	–거나 이나 빈도 부사	주말 활동에 대해 말하기 선택하여 말하기 빈도 표현하기	취미와 약속	제가 낼게요: 한턱 문화
35과	운동하는 것을 좋아하세요?	–는 것 –아/어/여 보다	취미와 경험 말하기		
36과	저녁은 제가 살게요	–(으)ㄴ/는데요 –(으)ㄹ게요	거절하기 약속하기		
37과	공항에 가야 해요	–아/어/여 주세요 –아/어/여야 하다	전화하기 약속 변경하기 요청하기		

Table of Contents

Lesson	Title	Grammar/Expression	Function	Thema / Situation	Culure
22	Do you want to go eat together?	-(으)ㄹ까요? 무슨 -고	· Suggesting · Acceptance and refusal	Food	Food life in Korea
23	Bulgogi is not a spicy dish	ㅂ irregular Verb/Adjective -(으)ㄴ(noun modifying the form of a adjectives)	· Discussing preferences about food		
24	I would like to eat naengmyoen	-고 싶다 -(으)세요 -지 마세요	· Ordering food		
25	The food at this restaurant is delicious, but the service is a little unfriendly	-지만 'ㄹ' Verb/Adjective	· Evaluating · Contrasting		
26	It's warmer in Jejudo than it is in Seoul	보다(비교) -겠-[2]	· Guessing · Comparing	Weather and the four seasons	Korea's jjimjilbang
27	It's gotten warmer after the rainy season	-아/어/여지다 -는(noun modifying the form of a verb)	· Expressing the characteristics of a season		
28	Of the four seasons, I like autumn the best	중에서 제일 -(으)ㄹ 수 있다	· Discussing one's favorite seasons and explaining activities appropriate to each season		
29	Since it rained, I didn't go to the beach	-(으)ㄴ(noun modifying the form of a verb) -아/어/여서[1]	· Discussing reason		
30	Go to that intersection and make a left	(으)로[1] -(으)니까	· Finding directions Making a suggestion appropriately to a given situation	Transportation	T-money
31	It takes about 30minutes by bus	(으)로[2] ㄷ irregular Verb/Adjective 에서 ~까지	· Asking and answering questions about what transportation to take and how much time it would take		
32	At Samgakji station, transfer to the number six subway line	르 irregular Verb/Adjective -아/어/여서[2]	· Finding one's destination		
33	If we cannot make a reservation, what shall we do?	-(으)면 -(으)ㄹ(noun modifying the form of a verb)	· Talking about conditions and assumptions		
34	I relax at home or sometimes I meet up with friends	-거나 이나 frequency adverbs	· Discussing weekend activities · Discussing options · Expressing frequency	Hobbies and appointments	It's my treat: The culture of treating
35	Do you like to exercise?	-는 것 -아/어/여 보다	· Discussing hobbies and past experiences		
36	Dinner will be my treat	-(으)ㄴ/는데요 -(으)ㄹ게요	· Making a promise · Declining a suggestion		
37	I need to go to the airport	-아/어/여 주세요 -아/어/여야 하다	· Making a phone call · Changing an appointment · Making a request		

등장인물

왕쯔이
중국

장핑
중국

간토야
몽골

바트
몽골

마키
일본

카오루
일본

압둘라

사우디아라비아

이리나

러시아

알렉세이

러시아

투이

베트남

제프리

미국

이지훈

한국

김윤아

한국

한글

학습 목표 : 한글을 읽고 쓸 수 있다.

1과 | 한글 (1)
ㅏ ㅓ ㅗ ㅜ ㅡ ㅣ
ㄱ ㄴ ㅁ ㅅ ㅇ

2과 | 한글 (2)
ㅑ ㅕ ㅛ ㅠ
ㄷ ㄹ ㅂ ㅈ ㅎ
ㅋ ㅌ ㅍ ㅊ

3과 | 한글 (3)
ㅐ ㅔ ㅒ ㅖ ㅘ ㅝ ㅚ ㅟ ㅢ ㅙ ㅞ
홑받침

4과 | 한글 (4)
ㄲ ㄸ ㅃ ㅆ ㅉ
겹받침
한국어의 기본 문장 구조

한글(Hangeul)

1) Who invented *Hangeul*? How was it invented?

Hangeul was invented by King Sejong in 1443. It was originally called "Hunminjeongeum", "the correct sounds for instruction for the common people".

The consonant characters were designed to resemble the shapes of the mouth, tongue, and throat when the consonants are pronounced: ㄱ was inspired by the shape of the back of the tongue touching the soft pallet [the back of the roof of the mouth]; ㄴ, the tongue touching the gum ridge; ㅁ, the shape of the lips; ㅅ, a tooth; and ㅇ, the throat. Adding a stroke to these consonants, the characters 'ㅋ ㄷ ㅌ ㅂ ㅍ ㅈ ㅊ ㅎ' were designed; and further, lining double consonants in a row, 'ㄲ, ㄸ, ㅃ, ㅆ' were designed.

The vowels were designed in combinations of three basic elements consisting of: ㆍ, which represents the roundness of the sky; ㅡ, the flatness of the land; and ㅣ, the figure of a person standing. Hangeul consists of 21 consonants and 19 vowels.

2) In what stroke order do we write Hangeul?

First, Hangeul should be written from left to right.

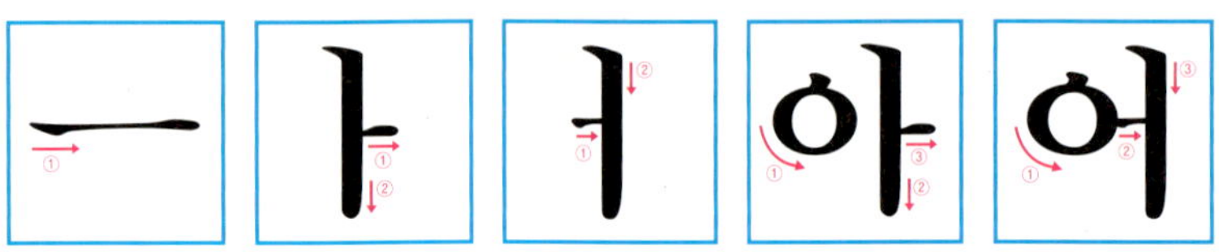

Second, Hangeul should be written from top to bottom.

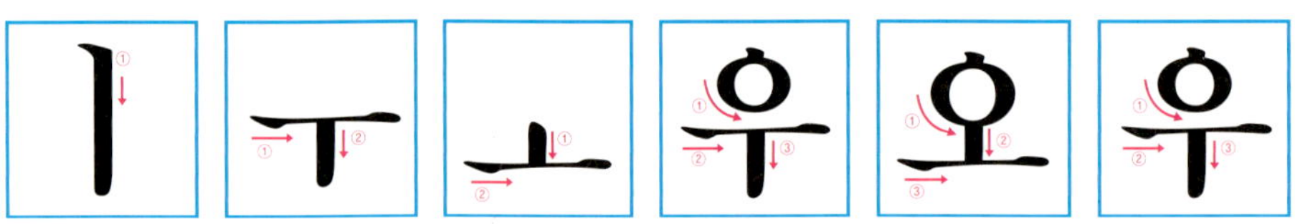

3) How are Korean syllables constructed?

Korean syllables are constructed in the following ways: First, a Korean syllable can be constructed with just a vowel (a simple vowel or a diphthong). However, when constructing a syllable with just a vowel, it is not written as 'ㅏ, ㅓ, ㅗ, ㅜ, ㅡ, ㅣ', but as '아, 어, 오, 우, 으, 이' by including the consonant ㅇ, which does not have a sound value. We write 'ㅇ' on the left of 'ㅏ, ㅓ, ㅣ' and above 'ㅗ, ㅜ, ㅡ'.

Second, a Korean syllable can be constructed as the combination of a consonant and a vowel (C+V). In this case, the vowel is written to the right or below the syllable initial consonant.

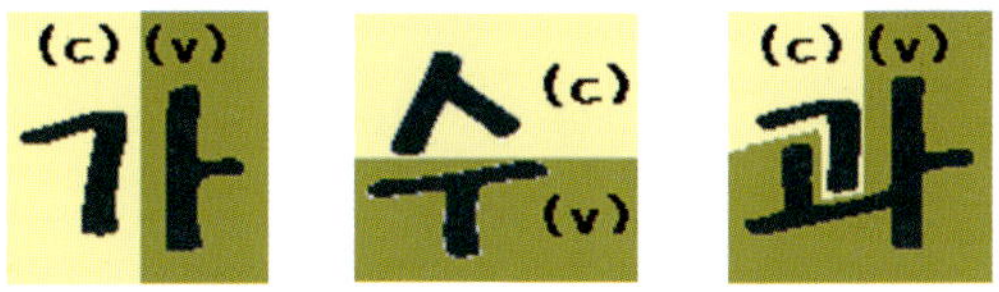

Third, a Korean syllable can be constructed as the combination of a vowel and a consonant (V+C). In this case, the consonant ㅇ, which does not have a sound value, occupies the initial position, followed by the vowel, after which the consonant is added below the vowel. The syllable final consonant is called *Batchim*.

Fourth, a Korean syllable can be constructed as the combination of a consonant, a vowel, and a consonant (C+V+C). To the right or below the syllable initial consonant, write the vowel, and below the vowel, the consonant is added. Similar to the third construction above, the syllable final consonant is called *Batchim*.

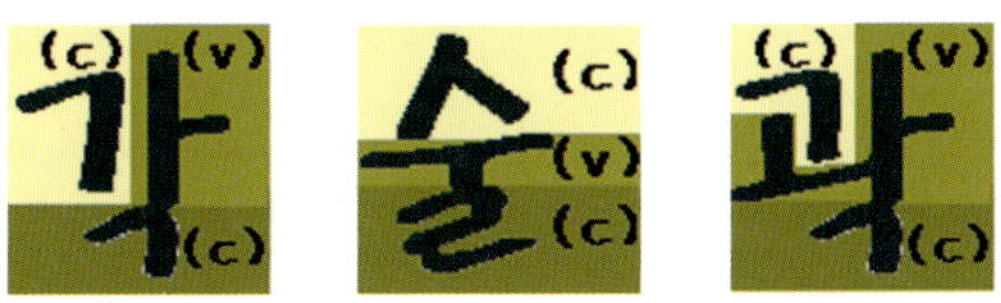

1과 한글 (1)

모음(1) : ㅏ ㅓ ㅗ ㅜ ㅡ ㅣ

1. 들어 봅시다. Let's listen. 1-1

이  오  오이  아이 

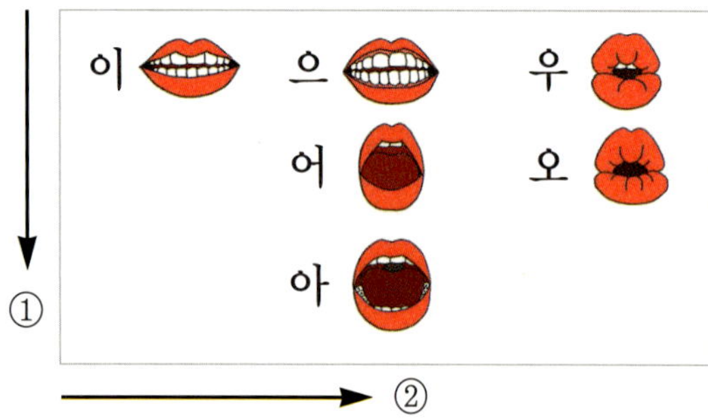

Tip: As you go in the direction of ①the mouth opens wider vertically and as you go in the direction of ②the position of the tongue lowers in the front and rises in the back.

When pronouncing '아' and '어', the degrees to which we open our mouths are slightly different. To pronounce '아', the mouth should just open to allow the width of three fingers, held vertically, to fit between the lips; to pronounce '어', the mouth should be slightly more closed, allowing the width of just two fingers to fit between the lips.

The shapes of the lips when pronouncing '이' and '으' are similar but the position of the tongue is slightly different. To pronounce '이', the front part of the tongue is raised, while to pronounce '으', the front part of the tongue is lowered.

2. 읽어 봅시다. Let's read. 1-2

아 어 오 우 으 이

이　　아이　　아우　　오이

3. 듣고 맞는 것을 찾아봅시다.
Listen and find the syllables you hear. 1-3

1) ① 아 ② 어　　2) ① 우 ② 오　　3) ① 으 ② 이
4) ① 아이 ② 오이　　5) ① 아이 ② 아우

자음(1) : ㄱ ㄴ ㅁ ㅅ ㅇ

1. 들어 봅시다. Let's listen. 1-4

누나    나무    아기    소 

2. 읽어 봅시다. Let's read. 1-5

ㄱ　ㄴ　ㅁ　ㅅ　ㅇ

	ㅏ	ㅓ	ㅗ	ㅜ	ㅡ	ㅣ
ㄱ	가	거	고	구	그	기
ㄴ	나	너	노	누	느	니
ㅁ	마	머	모	무	므	미
ㅅ	사	서	소	수	스	시
ㅇ	아	어	오	우	으	이

가구	거기	거미	고기	구이	고구마
누나	누구	나이	나무	마모	모기
무기	미소	아기	아마	어느	이마
사이	소	시소	수고		

3. 듣고 맞는 것을 찾아봅시다. Listen and find the syllables you hear. 1-6

1) ① 가　② 마　　2) ① 너　② 머　　3) ① 소　② 고
4) ① 누　② 구　　5) ① 가구　② 누구　　6) ① 누나　② 누가
7) ① 시소　② 미소　　8) ① 사이　② 나이

4. 듣고 단어를 완성해 봅시다. Listen and complete the words. 1-7

미소　1) 거ㅣ　2) ㅣ소　3) ㅜ이　4) 이ㅏ　5) ㅜ구

Tip : The consonant 'o' is not pronounced when at the first position of a syllable.

활동

1. 듣고 맞는 카드를 찾아봅시다. 1-8
Listen and find the matching cards.

가 거 고 구 그 기

마 머 모 무 므 미

아 어 오 우 으 이

나 너 노 누 느 니

사 서 소 수 스 시

2. 잘 듣고 다음과 같이 표시해 봅시다. 1-9
Listen carefully and mark as shown in the example.

아이	누구	가구	시소
누나	아기	나무	미소
너나	사이	너무	거기
구이	나이	아우	고기
고이	사모	누가	오이

memo

2과 한글 (2)

모음(2) : ㅑ ㅕ ㅛ ㅠ

1. 들어 봅시다. Let's listen. 2-1

우유 
요가 
이야기 
여우 

2. 읽어 봅시다. Let's read. 2-2

ㅑ ㅕ ㅛ ㅠ

	ㅑ	ㅕ	ㅛ	ㅠ
ㄱ	갸	겨	교	규
ㄴ	냐	녀	뇨	뉴
ㅁ	먀	며	묘	뮤
ㅅ	샤	셔	쇼	슈
ㅇ	야	여	요	유

우유	이유	야유	야구	여가	여우	요가	유도
겨우	교사	규모	모녀	뉴스	여며요	묘기	마셔요

3. 듣고 맞는 것을 찾아봅시다. Listen and find the syllables you hear. 2-3

1) ① 여 ② 야 2) ① 요 ② 유 3) ① 쇼 ② 셔
4) ① 슈 ② 샤 5) ① 교수 ② 규수 6) ① 규모 ② 교무

4. 듣고 단어를 완성해 봅시다. Listen and complete the words. 2-4

우유 1) ㄱ사 2) ㅇ도 3) ㅇ우 4) ㅇ구

자음(2) : ㄷ ㄹ ㅂ ㅈ ㅎ

1. 들어 봅시다. Let's listen. 2-5

다리  비누 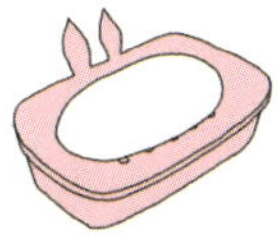 허리 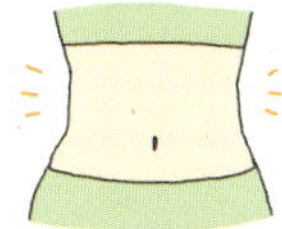 모자 

2. 읽어 봅시다. Let's read. 2-6

ㄷ ㄹ ㅂ ㅈ ㅎ

	ㅏ	ㅓ	ㅗ	ㅜ	ㅡ	ㅣ
ㄷ	다	더	도	두	드	디
ㄹ	라	러	로	루	르	리
ㅂ	바	버	보	부	브	비
ㅈ	자	저	조	주	즈	지
ㅎ	하	허	호	후	흐	히

다리	도로	구두	두더지	라디오	러시아	나라
다리미	바지	부자	벼	나비	자두	저기
주스	지도	모자	하마	허리	호주	휴지

3. 듣고 맞는 것을 찾아봅시다. Listen and find the syllables you hear. 2-7

1) ① 다 ② 라
2) ① 러 ② 버
3) ① 조 ② 호
4) ① 지 ② 시
5) ① 허리 ② 저리
6) ① 도루 ② 보루
7) ① 나라 ② 나사
8) ① 자루 ② 자주

4. 듣고 단어를 완성해 봅시다. Listen and complete the words. 2-8

다리 1) ㅣ구 2) 오 ㅣ 3) ㅏ마 4) ㅗ로 5) ㅏ지

자음(3) : ㅋ ㅌ ㅍ ㅊ

1. 들어 봅시다. Let's listen. 2-9

파  차  토마토 

2. 읽어 봅시다. Let's read. 2-10

ㅋ ㅌ ㅍ ㅊ

	ㅏ	ㅓ	ㅗ	ㅜ	ㅡ	ㅣ
ㅋ	카	커	코	쿠	크	키
ㅌ	타	터	토	투	트	티
ㅍ	파	퍼	포	푸	프	피
ㅊ	차	처	초	추	츠	치

커피	쿠키	코	크다	키	조카	타조
타자기	투수	토스트	토마토	도토리	파리	포도
푸르다	피부	우표	치마	치즈	고추	기차

3. 듣고 맞는 것을 찾아봅시다. Listen and find the syllables you hear. 2-11

1) ① 카 ② 차 2) ① 포 ② 초 3) ① 비 ② 피

4) ① 파도 ② 타도 5) ① 크다 ② 트다 6) ① 기타 ② 기차

7) ① 처리 ② 저리 8) ① 구기 ② 쿠키

4. 듣고 단어를 완성해 봅시다. Listen and complete the words. 2-12

파 1) ㅏ조 2) ㅣ마 3) 커 ㅣ 4) ㅣ

활동

1. 듣고 카드를 찾아봅시다. Listen and find the matching cards. 2-13

겨	규	교	기
마	며	묘	미
아	우	여	요
카	커	키	쿄
하	호	후	허

다	도	두	드
바	보	부	비
자	조	주	지
터	토	투	티

라	루	러	리
시	소	수	셔
차	초	추	처
파	퍼	포	피

2. 남자가 여자를 만나러 갑니다. 잘 듣고 길을 찾아가세요.
A man is on his way to meet a woman. Listen carefully and find the right direction. 2-14

3과 한글 (3)

모음(3) : ㅐ ㅔ ㅒ ㅖ ㅘ ㅝ ㅚ ㅟ ㅢ ㅙ ㅞ

1. 들어 봅시다. Let's listen. 3-1

개  귀 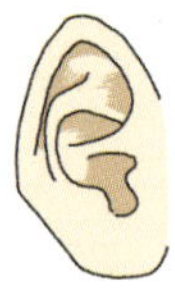 사과  의자 

2. 읽어 봅시다. Let's read. 3-2

애 에 얘 예 와 워 외 위 의 왜 웨

아내	아래	대포	배우	새우	채소	가게
베개	애기	하얘요	시계	계시다	과자	사과
샤워	외투	쇠고기	회	뒤	위로	쉬다
쥐	취하다	가위	왜	돼지	웨이터	궤도
의사	의자					

3. 듣고 맞는 것을 찾아봅시다. Listen and find the syllables you hear. 3-3

1) ① 게 ② 과
2) ① 내 ② 뉘
3) ① 와 ② 왜
4) ① 뫼 ② 뭐
5) ① 해 ② 회
6) ① 쥐 ② 죄
7) ① 얘기 ② 애기
8) ① 의미 ② 어미
9) ① 외자 ② 의자
10) ① 체리 ② 저리

4. 들은 단어 카드를 찾아봅시다. Listen and find the matching cards. 3-4

개 회 가위 베개 시계 돼지

과자 샤워 개미 의자 웨이터 애기

활동

잘 듣고 들은 단어들을 연결해 봅시다. 3-5
Listen carefully and draw a line between the words you hear.

개나리	개미	새우	노래	아래
배우	채소	가게	제	베개
얘기	시계	과자	사과	배
샤워	쇠고기	회	귀	새
돼지	웨이터	의자	의미	쥐

Tip : In principle, when comparing the pronunciation for 'ㅐ' and 'ㅔ,' the pronunciation for 'ㅐ' involves a slightly wider opening of the mouth. However, Korean youth commonly pronounce both vowels in a similar way.
The original pronunciation of 'ㅖ' is pronouncing the combination of 'ㅣ' and 'ㅔ' quickly, but it is often pronounced like/ㅔ/ when pronounced with a consonant. In principle, the pronunciation of 'ㅚ' is /ö/, but many Korean speakers tend to pronounce 'ㅚ', 'ㅙ' and 'ㅞ' as /we/.

받침(1) : 홑받침

1. 들어 봅시다. Let's listen. 3-6

달  눈 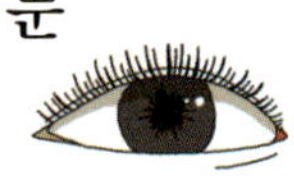 밤  입 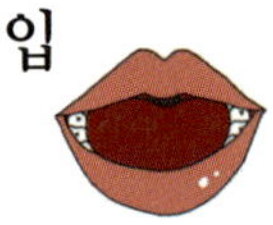 공 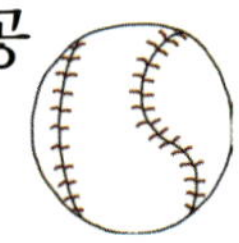 약 

2. 읽어 봅시다. Let's read. 3-7

받침 [ㄱ]	받침 [ㄴ]	받침 [ㄷ]
ㄱ ㅋ	ㄴ	ㄷ ㅌ ㅅ ㅈ ㅊ ㅎ
각 부엌	산 눈	곧 밑 낫 낮 낯 히읗

받침 [ㄹ]	받침 [ㅁ]	받침 [ㅇ]	받침 [ㅂ]
ㄹ	ㅁ	ㅇ	ㅂ ㅍ
달 돌	봄 김치	강 공	입 잎

약	벽	수박	멕시코	부엌	돈	문	한국	레몬
곧	듣다	밑	솥	옷	낫	닻	몇	히읗
말	발	폴란드	서울	금	몸	봄	김치	엄마
밥	집	숲	앞	강	방	몽골	병원	프랑스

3. 듣고 맞는 것을 찾아봅시다. Listen and find the syllables you hear. 3-8

1) ① 봄 ② 북

2) ① 강 ② 감

3) ① 낮 ② 남

4) ① 속 ② 솜

5) ① 발 ② 밥

6) ① 숨 ② 숲

7) ① 덥다 ② 덜다

8) ① 잊다 ② 일다

9) ① 익다 ② 입다

10) ① 낫다 ② 남다

4. 듣고 단어를 완성해 봅시다. Listen and complete the words. 3-9

콩

① 바 ② 바

③ 벼 ④ 벼

⑤ 도 ⑥ 사

Tip : A consonant at the syllable final position should be pronounced one of the seven sounds [ㄱ], [ㄴ], [ㄷ], [ㄹ], [ㅁ], [ㅇ], or [ㅂ] when it is followed by a pause of another consonant (박 [박], 낮 [낟]). When the syllable final consonant is followed by a vowel, its sound value carries over to the next syllable(박이 [바기], 낮이 [나지]).

활동

무엇을 들었어요? 들은 것을 어항에서 꺼내어 접시 위에 놓으세요. 3-10

What did you hear? Find what you heard, take it out of the fish tank, and place it on the plate.

1. 수박

2.

3.

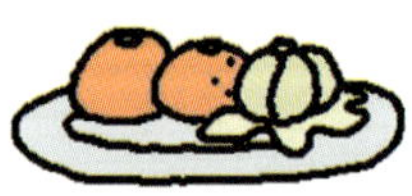

4.

5.

6.

7.

8.

memo

4과 한글 (4), 한국어의 기본 문장 구조

자음 (4) : ㄲ ㄸ ㅃ ㅆ ㅉ

1. 들어 봅시다. Let's listen. 4-1

쌀 

딸기 
아빠 

2. 읽어 봅시다. Let's read. 4-2

꿀	꼬리	딸기	따다	빠르다
뿔	쌀	씨	짜다	찌다
굴 : 꿀	달 : 탈 : 딸	불 : 풀 : 뿔	살 : 쌀	자다 : 차다 : 짜다

3. 듣고 맞는 것을 찾아봅시다.
Listen and find the syllables you hear. 4-3

1) ① 시 ② 씨 2) ① 뿔 ② 풀
3) ① 달 ② 딸 4) ① 가다 ② 까다
5) ① 타다 ② 따다 6) ① 지게 ② 찌개
7) ① 비다 ② 삐다 8) ① 짜다 ② 차다

4. 듣고 단어를 완성해 봅시다.
Listen and complete the words. 4-4

딸기 1) ㅏ치 2) ㅗ리 3) ㅏㄹ 4) ㅜㄹ 5) ㅣ다 6) ㅣ

받침(2) : 겹받침

1. 들어 봅시다. Let's listen. 4-5

앉다  읽다  여덟 8

2. 읽어 봅시다. Let's read. 4-6

받침 [ㄱ]	받침 [ㄴ]	받침 [ㄷ]
ㄲ ㄳ ㄺ	ㄵ ㄶ	ㅆ
밖 넋 닭	앉다 많다	있다

받침 [ㄹ]	받침 [ㅁ]	받침 [ㅂ]
ㄼ ㄽ ㅀ ㄾ	ㄻ	ㄼ ㄿ ㅄ
여덟 외곬 싫다 훑다	젊다	밟다 읊다 없다

밖	밖이	넋	넋이	닭	닭이	앉다	앉아요
많다	많아요	있다	있어요	넓다	넓어요	싫다	싫어요
훑다	훑어요	삶	삶이	밟다	밟아요	읊다	읊어요
없다	없어요						

활동

잘 듣고 카드를 찾아봅시다.
Listen and find the matching cards.

방법 : 선생님이 자음 카드(2세트)와 모음 카드(1세트)를 모든 팀(2명이나 3명이 한 팀)에 나눠 줍니다. 선생님이 말하면 학생들은 재빨리 자음 카드와 모음 카드를 조합해서 글자를 만듭니다.

한국어의 기본 문장 구조
The basic sentence structure of Korean

The basic Korean sentence is constructed as "subject + predicate" or "subject + object + predicate."

- 주어(subject) + 서술어(predicate) : 윤아가 자요.
- 주어(subject) + 목적어(object) + 서술어(predicate) : 윤아가 밥을 먹습니다.

The subject and the object are marked by '이/가' and '을/를' after a nominal respectively.

- 주어(subject) : 윤아 + 가 (subject particle)
- 목적어(object) : 밥 + 을 (object particle)

The predicate can be a verb, an adjective or a copula, which consists a stem and an ending. The ending of a predicate can be conjugated into different forms.

- 서술어(predicate) : 자 (verb stem) + 요 (sentence ending)
  먹 (verb stem) + 습니다 (sentence ending)

〈보기〉와 같이 한국어 문장을 만들어 봅시다.

〈보기〉 먹어요(eats), 빵을(a loaf of bread), 윤아가(Yuna)
→ 윤아가 빵을 먹어요.

1. 공부해요(studies), 윤아가(Yuna)

→ ______________________

2. 운동해요(exercises), 윤아가(Yuna)

→ ______________________

3. 윤아가(Yuna), 읽어요(reads), 책을(a book)

→ ______________________

문화 Culture

한글 Hangeul

ㄱ 기역	ㄴ 니은	ㄷ 디귿	ㄹ 리을	
ㅁ 미음	ㅂ 비읍	ㅅ 시옷	ㅇ 이응	ㅈ 지읒
ㅊ 치읓	ㅋ 키읔	ㅌ 티읕	ㅍ 피읖	ㅎ 히읗

"Hangeul" (Korean characters) was originally called "Hunminjeongeum." The literal meaning for "Hunminjeongeum" is "the correct sounds for instruction for the common people." In the past, the Korean language did not have a corresponding native writing system, so the Koreans had used hanja (Chinese characters). However, learning hanja was not easy, due to the large number of characters, each of which has its own meaning. In addition, it was difficult to construct sentences with hanja using the Chinese grammatical system, as it differs greatly from Korean grammar. As a result, the common people had difficulty expressing themselves in writing; they did not have much opportunity to learn hanja, as it was complicated to learn and was not compatible with their native spoken language. During his reign, King Sejong, who understood the people' s situation, developed "Hunminjeongeum" as a way for his people to learn how to read and write more easily. As the shapes of the Hangeul consonants were based on the shapes of the mouth, tongue, and throat when spoken, the invention of Hangeul made it easy for the common Korean people to learn to read and write. For this reason, the literacy rate in Korea today is very high.

● 해 봅시다.
Let' s practice.

- 한글 자음의 이름을 읽어 봅시다.
  Read the names of Hangeul consonants.
- 친구의 이름과 나라를 한글로 써 봅시다.
  In Hangeul, write your friends' names and the names of the countries they are from.
- 가족의 이름을 한글로 써 봅니다.
  Write your family menbers' names in Hangeul.

학교생활

학습 목표 : 학교생활에 필요한 표현을 할 수 있다.

5과 | 어느 나라 사람입니까?
입니까? /입니다, 은/는

6과 | 그것이 마키 씨 지갑입니다
이/가, 이/그/저

7과 | 제 사전이 아니에요
이에요, 이/가 아니에요

8과 | 한국어교육센터 사무실이 몇 층에 있어요?
한자어 숫자, 단위 명사(층, 호, 번),
에 있다/없다

9과 | 도서관은 학생회관 옆에 있어요
위치 명사(앞, 뒤, 위, 아래, 옆),
에 가다

5과 어느 나라 사람입니까?

준비 1 입니까?/입니다

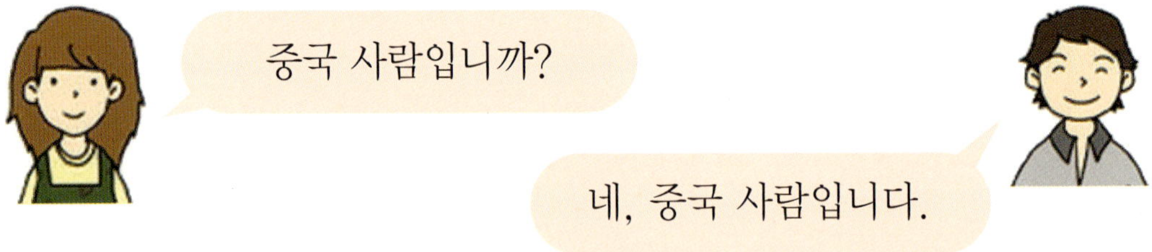

연습 1 그림을 보고 다음과 같이 말해 봅시다.
Look at the pictures and talk about them, following the example below.

왕쯔이입니다.

1. 왕쯔이

2. 압둘라

3. 알렉세이

4. 제프리

5. 지훈

6. 마키

입니까?/입니다

Attached after a noun to indicate property, state or classification of the subject. Used in a formal situation. For a statement '입니다' is used, but for a question, '입니까?' is used.

- 가 : 선생님입니까?
  나 : 네, 선생님입니다.
- 가 : 책입니까?
  나 : 네, 책입니다.

중국
사람

사람입니까[사라밈니까] 사람입니다[사라밈니다]

연습 2 그림을 보고 다음과 같이 묻고 대답해 봅시다.
Look at the pictures and practice asking and answering questions, following the example below.

> **가 :** 일본 사람입니까?
> **나 :** 네, 일본 사람입니다.

1. 일본

2. 몽골

3. 베트남

4. 러시아

5. 중국

6. 호주

연습 3 그림을 보고 다음과 같이 묻고 대답해 봅시다.
Look at the pictures and practice asking and answering questions, following the example below.

> **가 :** 어느 나라 사람입니까?
> **나 :** 한국 사람입니다.

1. 한국

2. 러시아

3. 미국

4. 캐나다

5. 사우디아라비아

6. 태국

일본
몽골
베트남
러시아
호주
어느 나라
한국
미국
캐나다
사우디아라비아
태국

준비 2 은/는

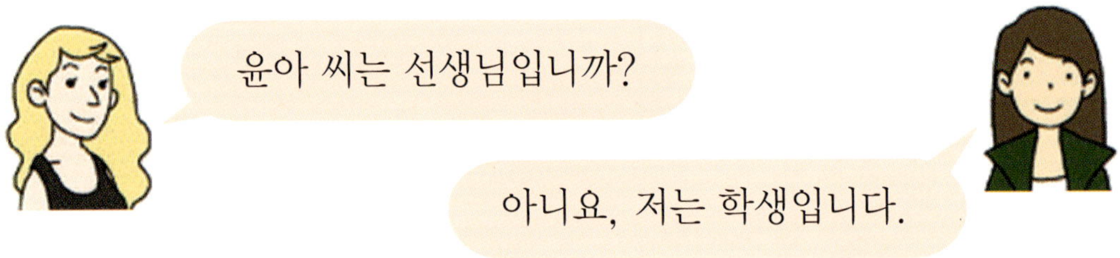

연습 1 그림을 보고 다음과 같이 말해 봅시다.
Look at the pictures and talk about them, following the example below.

이지훈 씨는 한국 사람입니다.

1. 이지훈 / 한국 사람

2. 바트 / 몽골 사람

3. 카오루 / 일본 사람

4. 압둘라 / 사우디아라비아 사람

5. 선생님 / 한국 사람

6. 장핑 / 중국 사람

은/는

Attached after a noun to indicate that the noun is the topic of the sentence. If the last syllable of the noun ends with a consonant, '은' is used, but if the last syllable of the noun ends with a vowel, '는' is used.

• 마이클은 학생입니다.
• 카오루는 일본 사람입니다.

씨
선생님
저
학생

선생님입니까[선생니밈니까] 학생[학쌩]

연습 2 그림을 보고 다음과 같이 묻고 대답해 봅시다.
Look at the pictures and practice asking and answering questions, following the example below.

가 : 선생님입니까?
나 : 아니요, 저는 학생입니다.

1. 
선생님
학생

2. 
요리사
회사원

3. 
변호사
경찰관

4. 
의사
간호사

5. 

가수
운동선수

6. 
운동선수
요리사

연습 3 다음과 같이 교실 친구들과 이름, 나라, 직업을 소개해 봅시다.
Introduce yourselves to your classmates by name, country, and occupation, following the example below.

가 : 저는 알렉세이입니다. 러시아 사람입니다.
나 : 저는 바트입니다. 몽골 사람입니다.
가 : 바트 씨는 경찰관입니까?
나 : 아니요, 저는 회사원입니다.

	친구1	친구2
이름		
어느 나라 사람		
직업		

요리사
회사원
변호사
경찰관
의사
간호사
가수
운동선수
이름
직업
친구

경찰관입니까[경찰과님니까] 회사원입니다[회사워님니다]

대화 5-1

이리나 안녕하세요? 저는 이리나입니다.

장핑 안녕하세요? 저는 장핑입니다.

이리나 장핑 씨는 어느 나라 사람입니까?

장핑 저는 중국 사람입니다. 이리나 씨는 미국 사람입니까?

이리나 아니요, 저는 러시아 사람입니다.

확인해 봅시다.
Let's check.

- 장핑 씨는 중국 사람입니까?
- 이리나 씨는 어느 나라 사람입니까?

다음 표현을 사용해서 위와 같이 말해 봅시다.
Using the expressions below, have a conversation, following the above example.

이리나	*장핑*	*중국 사람*	*러시아 사람*
간토야	지훈	한국 사람	몽골 사람
투이	제프리	미국 사람	베트남 사람
왕쯔이	마키	일본 사람	중국 사람

활동

다음 명함 중에서 하나를 선택한 후, 빈칸이 있는 부분을 잘라 친구에게 줍니다. 친구가 모르는 것을 물어보면, 명함을 보고 친구에게 대답해 주세요.
After selecting a business card from those shown below, cut out one with a blank, and give it to your partner. If your partner asks you a question about the information he/she does not know, refer to the business card to answer the question.

지훈 씨는 어느 나라 사람입니까?	선생님입니까?

국민대학교
학생 이지훈 
jhlee@kookmin.ac.kr

국민대학교
_____ 이지훈 (   )
jhlee@kookmin.ac.kr

러시아 대사관
경찰관 안드레이 푸시킨 
andre@baran.com

러시아 대사관
_____ 안드레이 푸시킨 (   )
andre@baran.com

KJ법률회사
변호사 미즈노 카오루 
lawyer_k@kjlawconsult.org

KJ법률회사
_____ 미즈노 카오루 (   )
lawyer_k@kjlawconsult.org

M.U
축구선수 압둘라 알감디 
abdsulsal@musacker.org

M.U
_____ 압둘라 알감디 (   )
abdsulsal@musacker.org

S사
회사원 안도 마키 
happymaki@japanmail.com

S사
_____ 안도 마키 (   )
happymaki@japanmail.com

L병원
의사 왕쯔이 
wanglaoshi28@961.com

L병원
_____ 왕쯔이 (   )
wanglaoshi28@961.com

읽기

다음 명함을 보고 친구와 얘기해 봅시다. 이 사람 이름이 무엇입니까? 이 사람은 학생입니까?
Look at the business card displayed below and have a conversation with your parther. What is the person's name? Is the person a student?

J병원

간호사
응웬 투이

읽어 봅시다. 5-2
Let's read.

안녕하세요?
저는 장핑입니다.
중국 사람입니다.
저는 요리사입니다.
만나서 반갑습니다.

KM호텔

요리사 장 핑

이메일 : jping@km.org
전화번호 : 010-2452-1010

가. 읽고 이야기해 봅시다.
Let' s read and discuss.

1. 이름이 무엇입니까?
2. 어느 나라 사람입니까?

나. 윗글을 읽고 맞으면 ○, 틀리면 ×를 하세요.
Read the above text. If the following statement is correct, mark a circle. If it is incorrect, mark an X.

1. 장핑은 일본 사람입니다. (　　)
2. 장핑은 KM호텔 요리사입니다. (　　)

병원
호텔
이메일
전화번호
만나서 반갑습니다

반갑습니다[반갑씀니다]

다. ______에 주의하면서 듣고 따라 해 봅시다. 5-3
Paying careful attention to the underlined part, listen and read along out loud.

1. 장핑입니다.
2. 중국 사람입니다.
3. 반갑습니다.

라. 장핑 씨가 이지훈 씨를 만났습니다. 어떻게 자기소개를 할까요? 읽은 내용을 대화로 만들어 봅시다.
Zhang Ping has just met Lee Ji Hoon. How should they introduce themselves? Have a conversation using what you read.

이지훈 : 안녕하세요? 저는 이지훈입니다.
장핑 : 안녕하세요? ______________________.
이지훈 : 장핑 씨는 어느 나라 사람입니까?
장핑 : 저는 ______________________.
이지훈 : 장핑 씨는 회사원입니까?
장핑 : ______________________________.

장핑처럼 명함을 만들고 자신을 소개하는 글을 써 봅시다.
Make a business card like Zhang Ping's and write a few statements introducing yourself.

____
____
이메일 : ______________________

6과 그것이 마키 씨 지갑입니다

준비 1 이/가

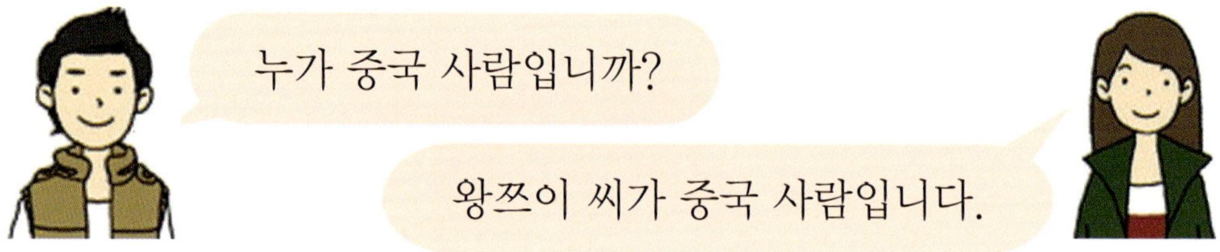

연습 1 그림을 보고 다음과 같이 말해 봅시다.
Look at the pictures and talk about them, following the example below.

카오루 씨가 일본 사람입니다.

1. 카오루 / 일본 사람

2. 알렉세이 / 러시아 사람

3. 제프리 / 미국 사람

4. 바트 / 몽골 사람

5. 폼펜 / 태국 사람

6. 선생님 / 한국 사람

이/가

Attached after a noun to indicate that the noun is the agent or experiencer of an action. If the last syllable of the noun ends with a vowel, '가' is used, but if the last syllable of the noun ends with a consonant, '이' is used.

- 아이가 자요.
- 책이 있어요.
- 꽃이 예뻐요.

Some pronouns change their forms when they are followed by 이/가.

- 누구+ 가 = 누가
- 나(First person singular)+가 = 내가
- 너(Second person singular)+가 = 네가
- 저(First person singular/humble expression)+가 =제가

누가

연습 2 그림을 보고 다음과 같이 묻고 대답해 봅시다.
Look at the pictures and practice asking and answering questions, following the example below.

가 : 누가 의사입니까?
나 : 왕쯔이 씨가 의사입니다.

의사 간호사 경찰관 회사원 선생님 학생

연습 3 다음과 같이 이름과 직업을 묻고 대답해 봅시다.
Practice a conversation in which you ask one's name and profession, and practice answering them too, following the example below.

가 : 이름이 무엇입니까?
나 : 김윤아입니다.
가 : 직업이 무엇입니까?
나 : 학생입니다.

무엇

이름이[이르미] 무엇입니까[무어심니까] 직업이[지거비]

준비 2 이/그/저

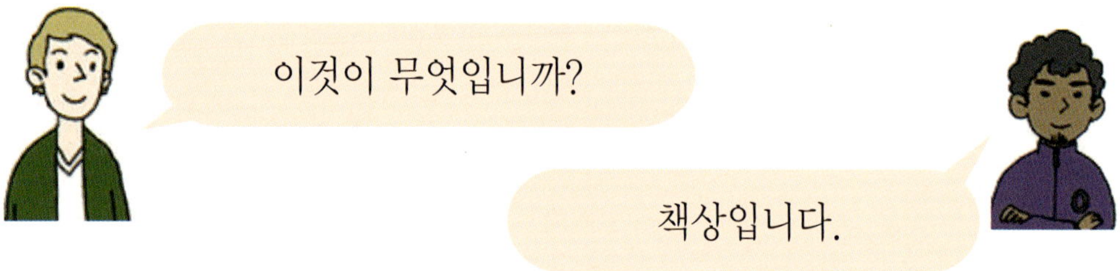

연습 1 그림을 보고 다음과 같이 말해 봅시다.
Look at the pictures and talk about them, following the example below.

이것이 의자입니까?

1. 이것 / 의자

2. 이것 / 시계

3. 그것 / 책

4. 그것 / 휴지통

5. 저것 / 에어컨

6. 저것 / 지도

이것
그것
저것
책상
의자
시계
책
휴지통
에어컨
지도

이/그/저

'이/그/저' are used before a noun to modify it. '이' is used to refer to something near the speaker, '그' is used to refer to something close to the listener, and '저' is used to refer to something far away from both the speaker and the listener.

- 이것은 책입니다.
- 그것은 책상입니다.
- 저것은 의자입니다.

이것이[이거시]

연습 2 이리나와 바트가 되어 말해 봅시다. 이리나가 묻고 바트가 대답합니다.
Practice a conversation, pretending to be Irina and Bat. Irina will ask questions that Bat will then answer.

이리나 : 저것이 무엇입니까?
바트 : 시계입니다.

연습 3 〈연습 2〉와 같이 교실에 있는 물건을 가지고 친구와 묻고 대답해 봅시다.
Have a conversation with a classmate, asking and answering questions about objects found in the classroom, following the example of "연습 2".

물건 이름
시계

달력
텔레비전
창문
물건

저것이[저거시] 시계[시계/시게]

대화 6-1

알렉세이 그것이 무엇입니까?
카오루 지갑입니다.
알렉세이 누구 지갑입니까?
카오루 마키 씨 지갑입니다.

확인해 봅시다.
Let's check.

- 이것이 무엇입니까?
- 카오루 씨 지갑입니까?

다음 표현을 사용해서 위와 같이 대화를 만들어 봅시다.
Using the expressions below, have a conversation, following the above example.

그것	—	*지갑*	—	*마키*
그것	—	휴대폰	—	제프리
저것	—	가방	—	카오루
그것	—	책	—	압둘라
저것	—	사전	—	지훈
이것	—	안경	—	간토야

지갑
누구
휴대폰
가방
사전
안경

지갑입니다[지가빔니다]

활동

3~4명씩 팀을 만들고 자기 가방 속에 있는 물건 3개를 준비된 가방에 넣습니다. 물건을 넣을 때는 다른 사람이 모르게 넣습니다. 물건이 모이면 모인 물건을 꺼내 놓고 다음과 같이 묻고 대답해 봅시다.
Working in groups of 3-4, each student should take three objects from your bag and put them in the prepared bag. You should not let others see what they are. Take out these objects, and have a conversation, asking and answering questions about them, following the example below.

가 : 이것이 무엇입니까?
나 : 책입니다.
가 : 마키 씨 책입니까?
나 : 아니요.
가 : 누구 책입니까?
나 : 알렉세이 씨 책입니다.

물건	이름
책	알렉세이

읽기

우리 반 친구들은 어느 나라 사람입니까?
What countries are your classmates from?

읽어 봅시다. 6-2
Let's read.

여기는 우리 교실입니다.
이 사람이 압둘라 씨입니다.
압둘라 씨는 사우디아라비아 사람입니다.
운동선수입니다.
이 사람이 마키 씨입니다.
마키 씨는 일본 사람입니다.
회사원입니다.
이 사람들은 모두 우리 반 친구입니다.

가. 읽고 이야기해 봅시다.
Let' s read and discuss.

1. 압둘라 씨 직업이 무엇입니까?
2. 누가 일본 사람입니까?

나. 윗글을 읽고 맞으면 ○, 틀리면 ×를 하세요.
Read the above text. If the following statement is correct, mark a circle. If it is incorrect, mark an X.

1. 여기는 교실입니다. (　　)
2. 압둘라 씨와 마키 씨는 친구입니다. (　　)
3. 마키 씨는 운동선수입니다. (　　)

여기
우리
교실
-들
모두
반

다. ______에 주의하면서 듣고 따라 해 봅시다. 6-3

Paying careful attention to the underlined part, listen and read along out loud.

1. 우리 교실입니다.
2. 이 사람이 마키 씨입니다.
3. 회사원입니다.

라. 읽은 내용을 대화로 만들어 봅시다.

Practice having a conversation using what you read.

가 : 이름이 무엇입니까?

나 : ________________________.

가 : 어느 나라 사람입니까?

나 : ________________________.

가 : 직업이 무엇입니까?

나 : ________________________.

가 : ________________________?

나 : 마키입니다.

가 : ________________________?

나 : 일본 사람입니다.

가 : ________________________?

나 : 회사원입니다.

앞의 글과 같이 우리 반 친구들을 소개해 봅시다.

As appeared in the above reading, practice introducing your classmates.

7과 제 사전이 아니에요

준비 1 이에요/예요

연필이에요?

아니요, 지우개예요.

연습 1

그림을 보고 다음과 같이 말해 봅시다.
Look at the pictures and talk about them, following the example below.

책이에요.

1. 책

2. 지우개

3. 가방

4. 카메라

5. 지갑

6. 휴대 전화

이에요/예요

Attached after a noun to indicate property, state or classification of the subject. Unlike '입니다', '이에요/예요' is used in an unofficial situation. If the last syllable of the noun has the syllable final consonant, '이에요' should be used. If there is no syllable final consonant, '예요' should be used.

- 알렉세이 씨는 경찰이에요.
- 왕쯔이 씨는 의사예요.

연필
지우개
카메라

연필이에요[연피리에요]

연습 2 그림을 보고 다음과 같이 묻고 대답해 봅시다.
Look at the pictures and practice asking and answering questions, following the example below.

> **가** : 책이에요?
> **나** : 아니요, 공책이에요.

책
공책

필통
지갑

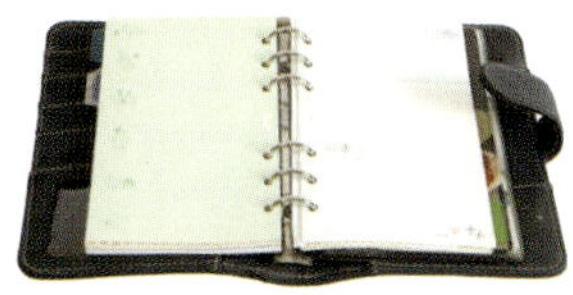

공책
수첩

볼펜
지우개

연필
볼펜

연습 3 마키와 바트가 되어 다음과 같이 묻고 대답해 봅시다.
Pretending to be Maki and Bat, practice asking questions and answering them, following the example below.

> **마키** : 이게 뭐예요?
> **바트** : 지갑이에요.

공책
필통
전자사전
수첩
볼펜
이게
뭐

책이에요[채기에요] 공책이에요[공채기에요] 지갑이에요[지가비에요]

준비 2 이/가 아니에요

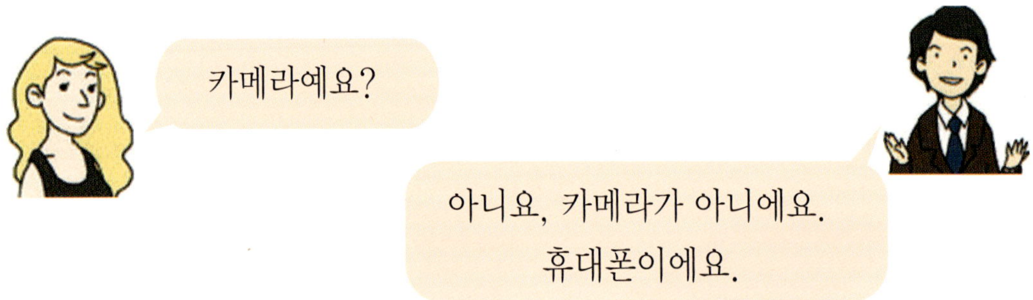

연습 1 다음과 같이 말해 봅시다.
Let' s speak, following the example below.

카메라가 아니에요.

1. 카메라(×)
2. 볼펜(×)
3. 지우개(×)
4. 휴대폰(×)
5. 가방(×)
6. 컴퓨터(×)

이/가 아니에요

Negative form of 'N이에요/예요'.

- 중국 사람이 아니에요. 한국 사람이에요.
- 나무가 아니에요. 꽃이에요.

When you write '이/가 아니에요', you have to be careful about spacing: '이/가' should be directly attached to the preceding noun and there should be a space between '이/가' and '아니에요'.

- 나무가아니에요.(×)
- 나무가∨아니에요.(○)

연습 2 그림을 보고 다음과 같이 묻고 대답해 봅시다.
Look at the pictures and talk about them, following the example below.

가 : 공책이에요?
나 : 아니요, 공책이 아니에요.
책이에요.

공책
책

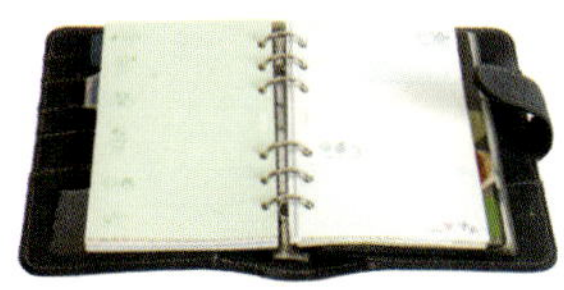

책
수첩

휴대폰
카메라

학생증
카드

수첩
지갑

볼펜
연필

연습 3 각자 자기의 물건을 놓고 다음과 같이 친구와 말해 봅시다.
Place your own objects on the table and talk about them with a partner, following the example below.

가 : 이게 볼펜이에요?
나 : 아니요, 볼펜이 아니에요. 연필이에요.

학생증
카드

볼펜이에요[볼페니에요] 학생증[학쌩쯩]

대화 7-1

압둘라 그게 책이에요?

투이 아니요, 사전이에요.

압둘라 투이 씨 사전이에요?

투이 아니요, 제 사전이 아니에요. 친구 사전이에요.

○ 확인해 봅시다.
Let's check.

- 이게 책입니까?
- 누구 사전입니까?

○ 다음 표현을 사용해서 위와 같이 대화를 만들어 봅시다.
Using the expressions below, have a conversation, following the above example.

책	사전
휴대폰	카메라
지갑	수첩
공책	잡지

잡지

사전이에요[사저니에요] 잡지[잡찌]

활동

물건의 이름을 기억해서 다음과 같이 말해 봅시다.
Memorize the names of these objects and talk about them, following the example below.

> 가 : 이게 책이에요?
> 나 : 네, 책이에요.
> / 아니요, 책이 아니에요.

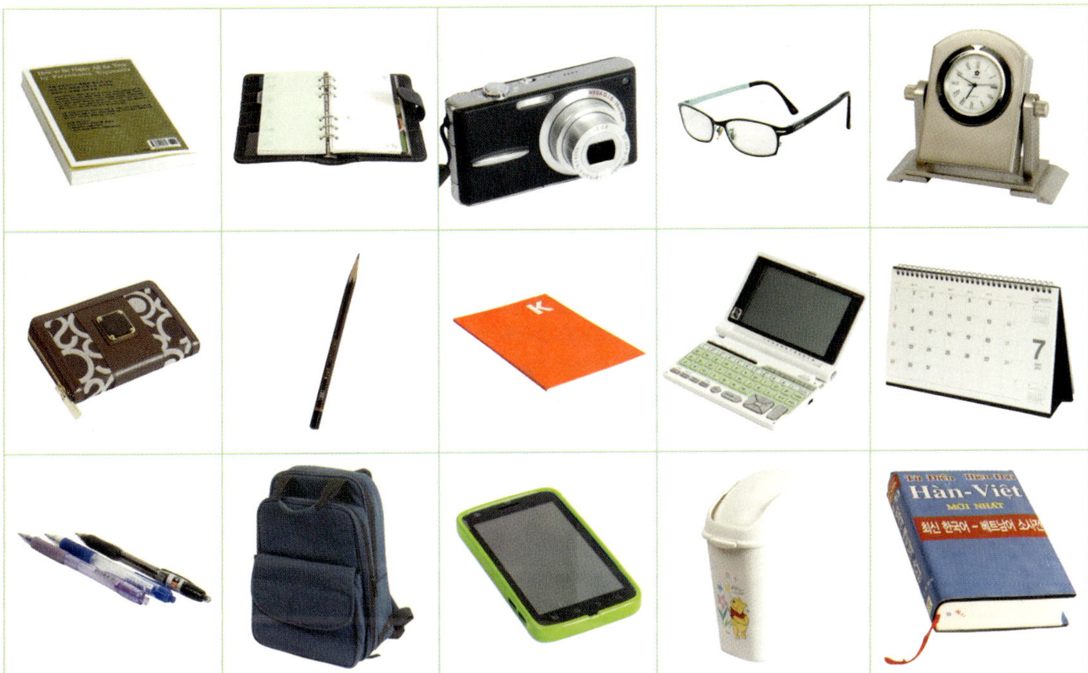

방법 1

(1) 위와 같은 사물 그림 카드 15장을 준비한다.
(2) 학생 A가 사물 그림 카드를 30초 동안 보여 주고 뒤집는다.
(3) 학생 B가 그 카드를 기억해 내면서 '___이에요?' 라고 질문한다.
(4) 학생 A가 자신만 그 카드를 보고 학생 B의 말이 맞으면 '네, ___이에요.' 라고 말하면서 카드를 뒤집어 놓고, 맞지 않으면 '___이/가 아니에요.' 로 대답한다.
이때, 학생 A는 카드에 있는 사물 이름을 말하지 않는다.
(5) 이 게임은 한 사람당 3분 정도 진행한다.

읽기

- 여러분은 지갑이 있어요? 지갑에 무엇이 있어요?
  Do you have your wallet with you? What is inside your wallet?

- 읽어 봅시다. 7-2
  Let's read.

제 지갑이에요.
이것은 국민대학교 학생증이에요.
이것은 러시아 돈이에요.
그리고 이것은 여자 친구 사진이에요.
제 여자 친구는 러시아 사람이 아니에요.
미국 사람이에요.

가. 읽고 이야기해 봅시다.
Let' s read and discuss.

1. 이 사람 직업이 뭐예요?
2. 여자 친구는 어느 나라 사람이에요?

나. 윗글을 읽고 맞으면 ○, 틀리면 ×를 하세요.
Read the above text. If the following statement is correct, mark a circle. If it is incorrect, mark an X.

1. 이 사람은 국민대학교 학생이에요. (　　)
2. 이 지갑은 여자 친구 지갑이에요. (　　)

돈
그리고
사진
여자 친구
대학교

다. ______에 주의하면서 듣고 따라 해 봅시다. 7-3

Paying careful attention to the underlined part, and read along out loud.

1. 제 지갑이에요.
2. 사진이에요.
3. 학생증이에요.
4. 돈이에요.

라. 알렉세이 씨가 친구와 자기 지갑에 대해 이야기합니다. 어떻게 얘기할까요? 읽은 내용을 대화로 만들어 봅시다.

Alexei is talking to his friend about his wallet. How should he talk about it? Use what you read and practice having a conversation.

1. 

친구 : 이것이 뭐예요?

알렉세이 : 제 지갑이에요.

2. 

친구 : 이것이 카드예요?

알렉세이 : ______________________.

3. 

친구 : 이것이 미국 돈이에요?

알렉세이 : ______________________.

4. 

친구 : 이 사람이 누구예요?

알렉세이 : ______________________.

친구의 지갑에 무엇이 있어요? 위의 대화와 같이 묻고 대답해 봅시다.

What is inside your partner' s wallet? Practice asking questions and answering them, guided by the above conversation.

8과 한국어교육센터 사무실이 몇 층에 있어요?

준비 1 한자어 숫자, 단위 명사

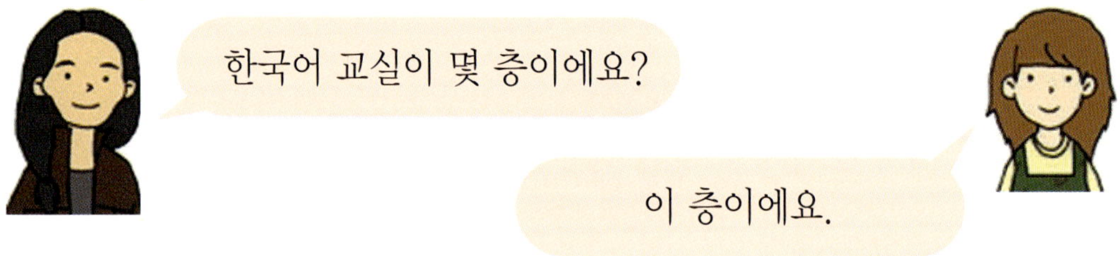

연습 1 다음과 같이 숫자를 읽어 봅시다.
Practice reading the following numbers as in the example.

1. 7 칠　2. 4　3. 5　4. 12　5. 43

6. 21　7. 36　8. 89　9. 153　10. 1020

한자어 숫자 (Sino-Korean numbers)

1	2	3	4	5	6	7	8	9	10
일	이	삼	사	오	육	칠	팔	구	십
11	12	13	14	15	16	17	18	19	20
십일	십이	십삼	십사	십오	십육	십칠	십팔	십구	이십
30	40	50	60	70	80	90	100	1000	10000
삼십	사십	오십	육십	칠십	팔십	구십	백	천	만

번호 읽기 (How to read numbers)

전화번호(Telephone number) 010-2396-2757 공일공 이삼구육의 이칠오칠 (번)
방 번호(Room number) 203 이백삼호
버스 번호(Bus number) 7211 칠이일일 번/칠천이백십일 번

몇 층

교실이[교시리] 몇[멷]

연습 2 다음과 같이 묻고 대답해 봅시다.
Practice asking and answering questions, following the example below.

> 가 : 한국어 교실이 몇 층이에요?
> 나 : 오 층이에요.

1. 한국어 교실 / 층 / 5
2. 화장실 / 층 / 2
3. 사무실 / 호 / 403
4. 기숙사 방 / 호 / 232
5. 이 버스 / 번 / 153
6. 그 버스 / 번 / 1213
7. 카오루 씨 휴대폰 번호 / 번 / 010-2837-5324
8. 선생님 전화번호 / 번 / 6321-9018

연습 3 전화번호와 기숙사/원룸 방 번호를 교실에 있는 친구와 묻고 대답해 봅시다.
With a partner, practice asking and answering questions about his or her phone number and dorm room/studio room number.

질문	친구1	친구2	친구3
전화번호			
기숙사 / 원룸 방 번호			

화장실
사무실
호
기숙사
방
버스
번
원룸

기숙사[기숙싸]

준비 2 에 있다/없다

가방에 무엇이 있어요?

가방에 책이 있어요.

연습 1 그림을 보고 다음과 같이 말해 봅시다.
Look at the pictures and talk about them, following the example below.

1. 의자 의자가 있어요.
2. 휴대폰 휴대폰이 없어요.
3. 라디오
4. 가방
5. 책상
6. 책
7. 휴지통

에 있다/없다

When the particle '에' is attached after a noun which denotes a place and is also used with '있다' or '없다', it indicates that the place being discussed is the location where someone or something is existing or is located. '에 있다' is used for indicating existence and '에 없다' is used for indicating non-existence of a person or a thing.

- 책이 가방에 있어요.
- 교실에 의자가 없어요.

있어요[읻써요/이써요] 없어요[업써요] 책상[책쌍]

연습 2 다음과 같이 말해 봅시다.
Let's speak, following the example below.

가방에 책이 있어요.

1. 가방 / 책
2. 지갑 / 돈
3. 교실 / 선생님
4. 교실 / 시계
5. 학교 / 꽃 가게
6. 운동장 / 학생

연습 3 친구의 물건은 어디에 있어요? 다음과 같이 친구와 묻고 대답해 봅시다.
Where does your partner keep his or her things? Practice asking and answering questions about these object, following the example below.

가 : 책상에 책이 있어요?
나 : 네, 있어요.

가 : 책상에 볼펜이 있어요?
나 : 아니요, 없어요.
가 : 볼펜이 어디에 있어요?
나 : 가방에 있어요.

책상 | 지갑 | 가방 | (빈칸)

볼펜, 연필, 지우개, 책, 공책, 휴대 전화, 수첩, 과자, 카드, 가족사진, 학생증, 남자(여자) 친구 사진, 한국 돈

학교
꽃 가게
운동장
어디
과자
가족
남자 친구

꽃 가게[꼳 까게]

대화 8-1

바트 간토야 씨가 어디에 있어요?

투이 한국어교육센터 사무실에 있어요.

바트 한국어교육센터 사무실이 몇 층에 있어요?

투이 2층에 있어요. 203호예요.

확인해 봅시다.
Let's check.

- 간토야 씨는 몇 층에 있어요?
- 한국어교육센터 사무실은 몇 호예요?

다음 표현을 사용해서 위와 같이 대화를 만들어 봅시다.
Using the expressions below, have a conversation, following the above example.

간토야	*한국어교육센터 사무실*	*2층*	*203호*
마키	교실	7층	706호
카오루	컴퓨터실	14층	1409호
윤아	복사실	2층	206호

사무실
교실
컴퓨터실
복사실

몇 호[며토] 복사실[복싸실]

활동

학생 A

1. 이 사람이 어디에 있어요? 친구에게 물어봅시다.
Where is this person? Try formulating a question to ask your partner.

	____ 씨가 어디에 있어요?
바트	402호에 있어요.
알렉세이	
장핑	
제프리	

2. 그림을 보고 친구의 질문에 대답해 봅시다.
Looking at the picture, try answering your partner' s question.

학생 B

1. 그림을 보고 친구의 질문에 대답해 봅시다.
Looking at the picture, try answering your partner' s question.

2. 이 사람이 어디에 있어요? 친구에게 물어봅시다.
Where is this person? Try formulating a question to ask your partner.

이 름	_____ 씨가 어디에 있어요?
이리나	
왕쯔이	
간토야	
투이	

듣기

- 우리 교실은 몇 층에 있어요?
  What floor is our classroom on?

- 들어 봅시다. 8-2
  Let' s listen.

가. 듣고 이야기해 봅시다.
Let' s listen and discuss.

1. 우리 학교에 무엇이 없어요?
   ① 서점 ② 은행 ③ 컴퓨터실 ④ 커피숍

2. 몇 층에 무엇이 있어요? 쓰세요.

( )층

( )층

( )층

( )층

( )층

( )층

커피숍
가게
서점
휴게실
많이
학생회관

많이[마니]

나. 다시 한번 듣고 맞으면 O, 틀리면 X를 하세요.

Let' s listen to the recording one more time. If the following statement is correct, mark a circle. If it is incorrect, mark an X.

1. 1층에 교실이 있어요. ( )
2. 3층에 선생님이 있어요. ( )
3. 5층에 학생이 있어요. ( )

다. 듣고 써 봅시다. 8-3

Listen and write down the sentences you hear.

1. ________는 교실이 있어요.
2. 교실에 __________ 있어요.
3. __________ 없어요.

우리 학교 학생회관 몇 층에 무엇이 있어요? 친구와 같이 말해 봅시다.

What floor is the student center on and what can be found there? Practice a conversation about this with a partner.

memo

9과 도서관은 학생회관 옆에 있어요

준비 1 위치 명사

책이 어디에 있어요?

책상 위에 있어요.

연습 1 그림을 보고 다음과 같이 묻고 대답해 봅시다.
Look at the pictures and talk about them, following the example below.

> **가 :** 연필이 어디에 있어요?
> **나 :** 책 옆에 있어요.

1. 
연필
책 옆

2. 
시계
이리나 씨 뒤

3. 
가방
의자 아래

4. 
라디오
지도 앞

5. 
이리나
교실 안

6. 
간토야
교실 밖

위치 명사

앞 뒤 위 아래 옆 안 밖

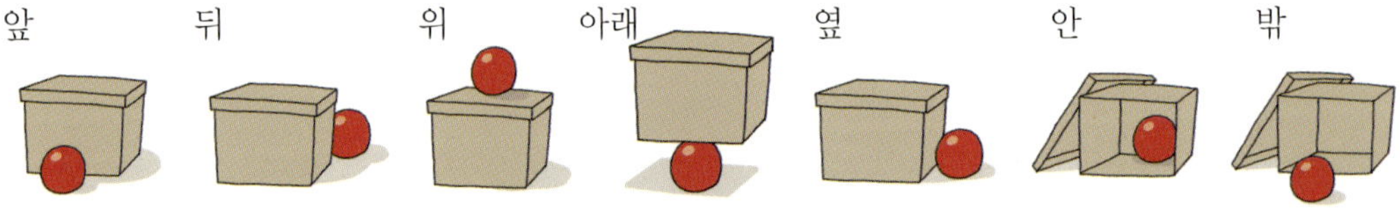

연습 2 그림을 보고 다음과 같이 묻고 대답해 봅시다.
Look at the pictures and practice asking and answering questions, following the example below.

> **가 :** 책상 위에 뭐가 있어요?
> **나 :** 필통이 있어요.

1. 

   책상 위
   필통

2. 

   선생님 뒤
   칠판

3. 

   의자 옆
   우산

4. 

   간토야 씨 앞
   텔레비전

5. 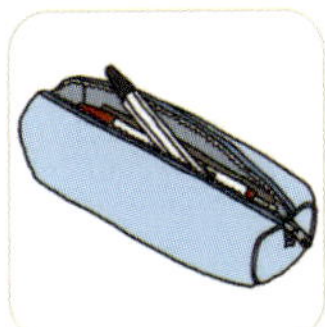

   필통 안
   볼펜

6. 

   창문 밖
   나무

연습 3 그림을 보고 다음과 같이 묻고 대답해 봅시다.
Look at the pictures and pratice asking and answering questions, following the example below.

> **가 :** 책이 어디에 있어요?
> **나 :** 책상 위에 있어요.

칠판
우산
나무

준비 2 에 가다

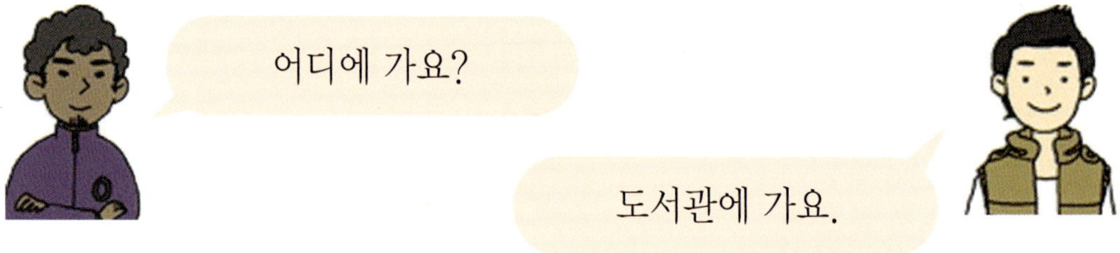

연습 1 그림을 보고 다음과 같이 묻고 대답해 봅시다.
Look at the pictures and practice asking and answering questions, following the example below.

> **가** : 어디에 가요?
> **나** : 우체국에 가요.

1. 우체국

2. 병원

3. 미용실

4. 공항

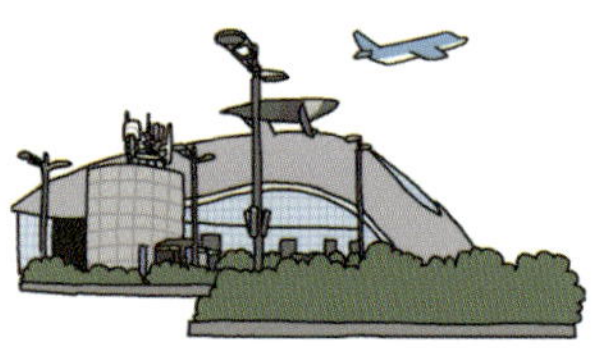

5. 식당

에 가다

When the particle '에' is used after a noun, which denotes a location, and is also used with a verb denoting a movement '가다(to go)', '오다(to come)' etc., this structure indicates that the location is the destination or that it indicates the direction of the movement.

- 학교에 가요.
- 중국에 가요.
- 백화점에 가요.

도서관
우체국
미용실
공항
식당

도서관에[도서과네] 우체국에[우체구게] 식당[식땅]

연습 2 그림을 보고 다음과 같이 묻고 대답해 봅시다.
Look at the pictures and practice asking and answering questions, following the example below.

가 : 도서관에 가요?
나 : 아니요, 서점에 가요.

1. 

도서관
서점

2. 

영화관
PC방

3. 

우체국
은행

4. 

식당
커피숍

5. 

병원
약국

6. 

학교
미용실

연습 3 그림을 보고, 다음과 같이 묻고 대답해 봅니다.
Look at the picture, asking and answering questions, following the example below.

가 : 바트 씨는 어디에 가요?
나 : 은행에 가요.

영화관
PC방
은행
약국

서점에[서저메] 약국[약꾹/야꾹] 학교[학꾜/하꾜]

대화 9-1

제프리	마키 씨, 어디에 가요?
마키	도서관에 가요.
제프리	도서관은 어디에 있어요?
마키	학생회관 옆에 있어요.

확인해 봅시다.
Let's check.

- 마키 씨는 학생회관에 가요?
- 도서관은 학생회관에 있어요?

다음 표현을 사용해서 위와 같이 대화를 만들어 봅시다.
Using the expressions below, have a conversation, following the above example.

도서관	—	*학생회관 옆*
식당	—	은행 앞
미용실	—	식당 뒤
빵집	—	커피숍 아래
문구점	—	은행 위
안경점	—	학생회관 안

문구점
안경점

활동

다음과 같이 카드에 있는 장소에 대해 친구에게 물어봅시다.
Ask your partner questions about the place depicted on the cards, following the example below.

학생 A

1. 친구가 어디에 가요? 친구의 말을 듣고 그림에 표시하세요.
Where is your partner going? Listen to what your partner says and mark that location on the picture.

가 : 어디에 가요?
나 : 안경점에 가요.
가 : 안경점은 어디에 있어요?
나 : PC방 옆에 있어요.

2. 나는 어디에 가요? 그림을 보고 친구에게 말해 주세요.
Where am I going? Look at the picture and tell your partner the place.

은행	우체국	커피숍	문구점

학생 B

1. 나는 어디에 가요? 그림을 보고 친구에게 말해 주세요.
Where am I going? Look at the picture and tell your partner the place.

가 : 어디에 가요?
나 : 안경점에 가요.
가 : 안경점은 어디에 있어요?
나 : PC방 옆에 있어요.

안경점	서점	식당	병원

2. 친구는 어디에 가요? 친구의 말을 듣고 그림에 표시하세요.
Where is your partner going? Listen to what your partner says and mark that location on the picture.

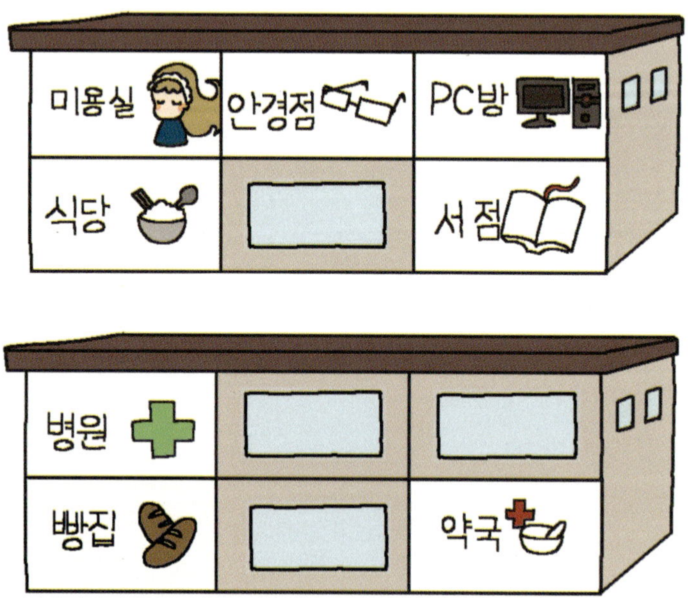

읽기

우리 학교 학생회관은 어디에 있어요? 몇 층에 무엇이 있어요?
Where is our school' s student center? What floor is it on and what can be found there?

읽어 봅시다. 9-2
Let's read.

우리는 매일 학생회관에 가요.
학생회관에 가게가 많이 있어요.
1층에 빵집이 있어요.
빵집 옆에 서점이 있어요.
서점 안에 학생들이 많이 있어요.
서점 앞에 우체국이 있어요.
우체국 위층에 학생 식당이 있어요.
식당 음식이 맛있어요.

가. 읽고 이야기해 봅시다.
Let's read and discuss.

1. 우리는 매일 어디에 가요?
2. 학생회관 1층에 무엇이 있어요?

나. 읽고 맞으면 O, 틀리면 X를 하세요.
Read the above text. If the following statement is correct, mark a circle. If it is incorrect, mark an X.

1. 빵집은 1층에 있어요. (　　)
2. 우체국 옆에 서점이 있어요. (　　)
3. 식당은 1층에 있어요. (　　)

매일
위층
학생 식당
음식
맛있다

다. _____에 주의하면서 듣고 따라 해 봅시다. 9-3
Paying careful attention to the underlined part, listen and read along out loud.

1. 학생회관에 가요.

2. 가게가 많이 있어요.

3. 빵집 옆에 있어요.

4. 식당 음식이 맛있어요.

라. 읽은 내용을 대화로 만들어 봅시다.
Practice having a conversation using what you read.

가 : 빵집이 어디에 있어요?
나 : ______________________.
가 : 그럼, 서점은 어디에 있어요?
나 : ______________________.
가 : 서점 앞에 뭐가 있어요?
나 : ______________________.
가 : 학생 식당은 어디에 있어요?
나 : ______________________.
가 : 학생 식당 음식이 맛있어요?
나 : ______________________.

친구와 말해 봅시다. 매일 어디에 가요? 그 근처에 무엇이 있어요?
Practice this conversation with a partner. Where do you go on a daily basis? What are in its surrounding area?

문화 Culture

한국인의 이름 Korean names

The two parts to a Korean name are the family name and the given name. For example, with the name "이지훈(Lee Ji Hoon)", "이(Lee)" is the family name and "지훈(Jihoon)" is the given name. The family name is usually adopted from the father' s side of the family, and all of the members of the immediate family would follow this custom. When addressing someone by name, it is customary to use the family name or full name followed by their job title. For instance, we would say: "김 선생님" or "김민수 선생님". We can also call someone by adding an honorific title '씨(Mr., Mrs., or Miss)' after one' s full name, as in '이지훈 씨' or after their given name as in '지훈 씨' However, be careful not to attach '씨' to just the family name, as this will seem disrespectful. Also, '씨' is not to be placed behind a job title or a term describing a family relation; for example, one would not say "선생님 씨", "의사 씨", "엄마 씨" or "오빠 씨"

● 해 봅시다.
Let' s practice.

- 1급 선생님을 불러 봅시다.
  Use the proper Korean terms to call your teacher.
- 반 친구 이름을 불러 봅시다.
  Use the proper Korean terms to call your classmates by name.

일상생활 1

학습 목표 : 자신의 일상생활에 대해 말할 수 있다.

10과 빵 한 개에 얼마예요?

준비 1 고유어 숫자, 단위 명사

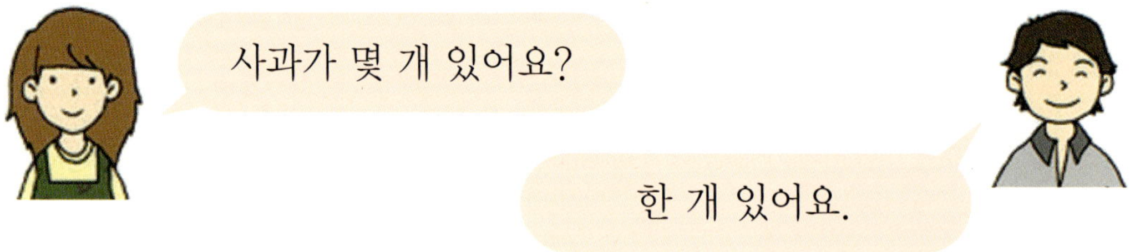

연습 1 그림을 보고 다음과 같이 말해 봅시다.
Look at the pictures and talk about them, following the example below.

> 빵이 세 개 있어요.

빵	표	커피	주스
학생		고양이	책

개	장	잔	병
명	마리	권	

사과
빵
표
커피
주스
고양이
개
장
잔
병
명
마리
권

고유어 숫자 (Native Korean number)

1	2	3	4	5	6	7	8	9	10
하나 (한*)	둘 (두*)	셋 (세*)	넷 (네*)	다섯	여섯	일곱	여덟	아홉	열
11	20	30	40	50	60	70	80	90	100
열하나 (열한*)	스물	서른	마흔	쉰	예순	일흔	여든	아흔	백

'한', '두', '세', or '네' are used before some counters and express quantities of one, two, three, or four.

• 사과 한 개 • 책 두 권 • 어른 세 명 • 주스 네 병

몇 개[면 깨]

연습 2 다음과 같이 묻고 대답해 봅시다.
Practice asking and answering questions, following the example below.

> **가 :** 학생이 몇 명 있어요?
> **나 :** 열두 명 있어요.

1. 학생 / 12명	2. 책 / 4권	3. 고양이 / 2마리
4. 의자 / 10개	5. 주스 / 3병	6. 표 / 1장

연습 3 다음과 같이 친구와 이야기해 봅시다.
Practice asking and answering questions about these objects, following the example below.

> **가게 주인 :** 어서 오세요.
> **손 님 :** 커피 한 잔 주세요.
> **가게 주인 :** 네, 여기 있어요.

1. 커피 1	2. 볼펜 2	3. 비누 3
4. 치약 1	5. 칫솔 2	6. 라면 4

어서 오세요
주세요
여기 있어요
자루
비누
치약
칫솔
라면

몇 명[면 명] 칫솔[칟쏠/치쏠]

준비 2 가격, 에[1]

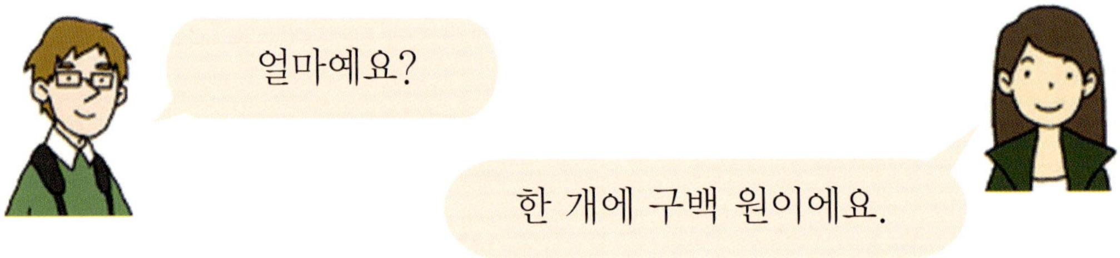

연습 1 그림을 보고 다음과 같이 말해 봅시다.
Look at the pictures and talk about them, following the example below.

볼펜이 오백 원이에요.

1. 볼펜 500원

2. 과자 900원

3. 수건 2,000원

4. 컵 5,000원

5. 티셔츠 10,000원

6. 운동화 25,000원

에[1]

Attached after a noun which denotes a unit to indicate that the unit is the standard for counting or measuring the number of people, animals or items.

- 가 : 사과 한 개에 얼마예요?
  나 : 한 개에 천 원이에요.
- 세 개에 천 원이에요.

얼마
원
수건
컵
티셔츠
운동화

연습 2 다음과 같이 묻고 대답해 봅시다.
Practice asking and answering questions, following the example below.

가 : 이 사과 얼마예요?
나 : 천 원이에요.

1. 사과 1,000원
2. 가방 45,000원
3. 티셔츠 19,000원
4. 시계 50,000원
5. 안경 120,000원
6. 컴퓨터 1,230,000원

연습 3 다음과 같이 친구와 이야기해 봅시다.
Practice asking and answering questions, about these objects, following the example below.

가 : 이 사과 한 개에 얼마예요?
나 : 천오백 원이에요.

1. 사과 / 개 / 1,500원
2. 라면 / 개 / 1,300원
3. 공책 / 권 / 1,200원
4. 아이스크림 / 개 / 1,000원
5. 주스 / 병 / 1,900원
6. 빵 / 개 / 2,000원

아이스크림

대화 10-1

이리나	빵 한 개에 얼마예요?
아주머니	칠백 원이에요.
이리나	주스는 얼마예요?
아주머니	천이백 원이에요.
이리나	빵 세 개, 주스 한 병 주세요.
아주머니	네, 모두 삼천삼백 원이에요.

확인해 봅시다.
Let's check.

- 빵 한 개에 얼마예요?
- 주스 한 병에 얼마예요?
- 모두 얼마예요?

다음 표현을 사용해서 위와 같이 대화를 만들어 봅시다.
Using the expressions below, have a conversation, following the above example.

빵 700원 — 주스 1,200원

우유 1,000원 — *과자 2,000원*

필통 5,000원 — 라면 1,000원

공책 1,700원 — 아이스크림 1,000원

아주머니
우유

활동

가게 주인과 손님이 되어 짝과 함께 다음과 같이 이야기해 봅시다.
With your friend, one student will pretend to be the store manager and the other student will pretend to be the customer. Pracitce having a conversation, following the example below.

가 : 이 사과 한 개에 얼마예요?
나 : 천 원이에요.
가 : 그럼, 이 배는 얼마예요?
나 : 삼천 원이에요.
가 : 사과 네 개하고 배 한 개 주세요. 모두 얼마예요?
나 : 칠천 원이에요.

읽기

여러분은 가게에서 영수증을 받았어요? 영수증에 무엇이 쓰여 있어요?
Did you receive a receipt at the store? What is written on the receipt?

읽어 봅시다.
Let's read.

영수증

라면	1,000원	2개	2,000원
빵	1,300원	4개	5,200원
주스	1,200원	2병	2,400원
비누	1,500원	1개	1,500원
치약	3,000원	1개	3,000원
칫솔	2,500원	1개	2,500원
봉투	100원	1장	100원
		합계	**16,700원**

가. 읽고 이야기해 봅시다.
Let' s read and discuss.

1. 라면 한 개에 얼마예요?
2. 빵 한 개에 얼마예요?
3. 모두 얼마예요?

나. 윗글을 읽고 맞으면 ○, 틀리면 ×를 하세요.
Read the above text. If the following statement is correct, mark a circle. If it is incorrect, mark an X.

1. 비누 한 개에 천오백 원이에요. (　　)
2. 치약 한 개에 삼천 원이에요. (　　)
3. 비누, 치약, 칫솔이 모두 사천오백 원이에요. (　　)

영수증
봉투
합계

다. ______에 주의하면서 듣고 따라 해 봅시다. 10-2
Paying careful attention to the underlined part, listen and read along out loud.

1. 칫솔 한 개에 얼마예요?
2. 모두 삼천육백 원이에요.
3. 모두 만 원이에요.

라. 앞의 영수증을 대화로 만들어 봅시다.
Use the above receipt. and practice having a conversation.

가게 주인 : 어서 오세요.
왕쯔이 : ______ 한 (개 / 병)에 얼마예요?
가게 주인 : ______ 원이에요.
왕쯔이 : ______ 한 (개 / 병)에 얼마예요?
가게 주인 : ______________ 원이에요.
왕쯔이 : ______ ______(개 / 병), ______ ______ (개 / 병) 주세요.
가게 주인 : 네, 모두 ______________원이에요.

여러분 나라의 돈과 친구 나라의 돈을 서로 보여 주세요. 한국 돈과 비교해서 이야기해 보세요.
Everyone should bring in currency from his/her native country to show in class. Compare these other currencies to Korean currency and discuss.

주인

11과 저는 지금 숙제를 해요.

준비 1 -아/어/여요

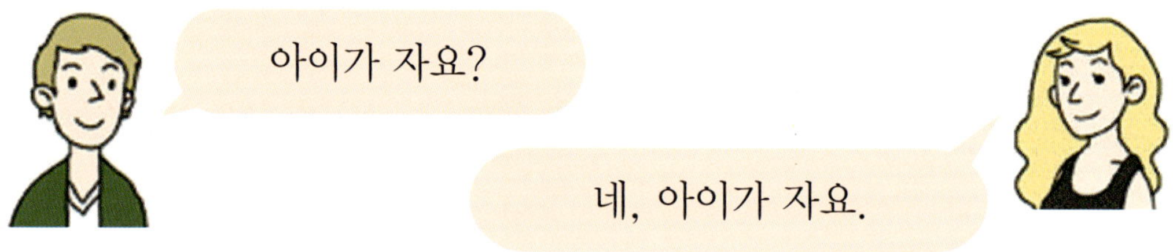

연습 1 그림을 보고 다음과 같이 말해 봅시다.
Look at the pictures and talk about them, following the example below.

만나요.

1\. 만나다

2\. 오다

3\. 먹다

4\. 읽다

5\. 마시다

6\. 일하다

-아/어/여요

A sentence ending used for a statement, question, command, or suggestion in an informal situation. If the last syllable of the stem of a verb or an adjective has 'ㅏ' or 'ㅗ', '-아요', and also for other vowels, '-어요' should be used. If the verb or adjective ends with '하다', '-여요' should be attached as in '하여요' which is generally contracted to the form of 해요. If the verb or adjective ends with 'ㅡ', the vowel 'ㅡ' should be deleted as in '쓰 + 어요 → 써요'.

- 가 + 아요 → 가요
- 마시 + 어요 → 마셔요
- 읽 + 어요 → 읽어요
- 좋 + 아요 → 좋아요

※ 크 + 어요 → 커요

- 보 + 아요 → 보아요(→봐요)
- 먹 + 어요 → 먹어요
- 하 + 여요 → 하여요(→해요)
- 많 + 아요 → 많아요

※ 예쁘 + 어요 → 예뻐요

아이
자다
만나다
오다
먹다
읽다
마시다
일하다

연습 2 그림을 보고 다음과 같이 묻고 대답해 봅시다.
Look at the pictures and talk about them, practice asking and answering questions, following the example below.

가 : 알렉세이 씨가 무엇을 해요?
나 : 노래해요.

알렉세이 – 노래하다	왕쯔이 – 씻다
카오루 – 마시다	마키 – 쉬다
압둘라 – 먹다	투이 – 공부하다

연습 3 〈연습 2〉의 그림을 보고 이야기해 봅시다.
Look at the pictures in "연습 2" and practice having a conversation about it.

가 : 알렉세이 씨가 쉬어요?
나 : 아니요, 노래해요.

알렉세이 씨가 쉬어요?	왕쯔이 씨가 마셔요?
카오루 씨가 노래해요?	마키 씨가 공부해요?
압둘라 씨가 씻어요?	투이 씨가 먹어요?

노래
쉬다
공부
씻다

씻어요[씨서요] 먹어요[머거요]

준비 2 을/를

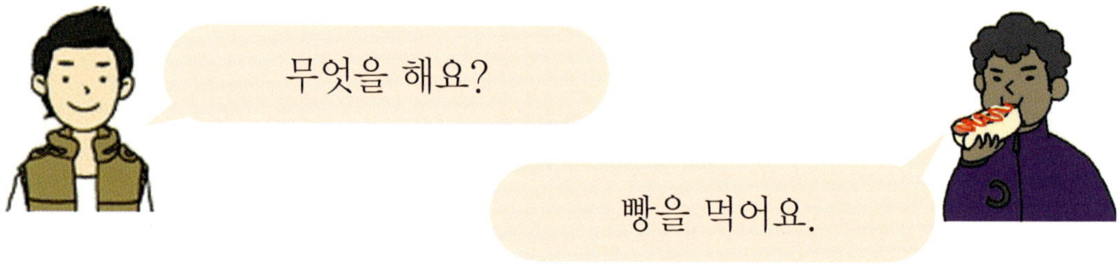

연습 1 다음과 같이 말해 봅시다.
Let' s speak, following the example below.

영화를 봐요.

1. 영화 / 보다
2. 청소 / 하다
3. 물 / 마시다
4. 옷 / 입다
5. 손 / 씻다
6. 책 / 읽다

을/를

Attached after a noun to indicate that the noun is an object which is affected by the action of the agent. If the last syllable of the noun ends with a consonant, '을' is used. If the last syllable of the noun ends with a vowel, '를' should be used.

- 친구가 신문을 봐요.
- 동생이 사과를 먹어요.
- 학생이 책을 읽어요.

영화
보다
청소
물
옷
입다
손

연습 2 그림을 보고 다음과 같이 묻고 대답해 봅시다.
Look at the pictures and practice asking and answering questions following the example below.

> 가 : 무엇을 해요?
> 나 : 물을 마셔요.

1. 물 / 마시다

2. 청소 / 하다

3. 친구 / 만나다

4. 신문 / 읽다

5. 손 / 씻다

6. 운동 / 하다

연습 3 다음과 같이 친구와 이야기해 봅시다.
Practice asking and answering questions, following the example below.

> 가 : 마키 씨가 이메일을 써요?
> 나 : 아니요, 책을 읽어요.

마키
이메일 / 쓰다
책 / 읽다

용재
노래 / 하다
춤 / 추다

바트
이야기 / 하다
요리 / 하다

왕쯔이
샤워 / 하다
손 / 씻다

카오루
숙제 / 하다
전화 / 하다

제프리
운동 / 하다
샤워 / 하다

알렉세이
빨래 / 하다
청소 / 하다

이리나
영화 / 보다
친구 / 기다리다

신문
운동
쓰다
춤
추다
이야기
요리
샤워
숙제
전화
빨래
기다리다

물을[무름] 이메일을[이메이를] 책을[채글]

대화 11-1

왕쯔이	바트 씨, 어디예요?
바트	집이에요.
왕쯔이	무엇을 해요?
바트	텔레비전을 봐요. 왕쯔이 씨는 무엇을 해요?
왕쯔이	저는 지금 숙제를 해요.

확인해 봅시다.
Let's check.

- 바트 씨가 무엇을 해요?
- 왕쯔이 씨가 무엇을 해요?

다음 표현을 사용해서 위와 같이 대화를 만들어 봅시다.
Using the expressions below, have a conversation, following the above example.

집	*텔레비전 / 보다*	*밥 / 먹다*
친구 집	영화 / 보다	책 / 읽다
교실	숙제 / 하다	빨래 / 하다
명동	쇼핑 / 하다	청소 / 하다
학교	친구 / 만나다	요리 / 하다

집
지금
명동
밥
쇼핑
우유

집이에요[지비에요]

활동

친구가 매일 무엇을 하는지 물어보세요.
Ask your friend what he/she does everyday.

가 : 마키 씨, 매일 한국 음식을 먹어요?
나 : 네, 매일 한국 음식을 먹어요.

가 : 마키 씨, 매일 숙제를 해요?
나 : 아니요, 매일 텔레비전을 봐요.

친구 이름 / 무엇을 해요?	마키				
한국 음식 / 먹다	○				
숙제 / 하다	×				
텔레비전 / 보다					
컴퓨터 / 하다					
커피 / 마시다					
친구 / 만나다					
한국어 / 공부하다					

읽기

친구 생일 파티예요. 여러분은 친구 생일 파티 때 보통 무엇을 해요?
It' s a friend' s birthday party. What do you usually do at a friend' s birthday party?

읽어 봅시다. 11-2
Let's read.

오늘은 투이 씨 생일이에요. 친구들이 투이 씨 생일을 축하해요. 마키 씨는 노래를 해요. 알렉세이 씨는 춤을 춰요. 제프리 씨는 케이크를 먹어요. 압둘라 씨는 주스를 마셔요. 카오루 씨는 사진을 찍어요. 파티가 재미있어요.

가. 누가 무엇을 해요? 윗글을 읽고 다음 그림에서 번호를 골라 쓰세요.
Who is doing what? Read the text above and choose the numbers following the picture.

(1) 투이 (4)
(2) 마키 ( )
(3) 알렉세이 ( )
(4) 제프리 ( )
(5) 압둘라 ( )
(6) 카오루 ( )

나. 윗글을 읽고 맞으면 ○, 틀리면 ×를 하세요.
Read the above text. If the following statement is correct, mark a circle. If it is incorrect, mark an X.

1. 오늘 투이 씨 생일 파티가 있어요. ( )
2. 압둘라 씨가 케이크를 먹어요. ( )
3. 카오루 씨가 사진을 찍어요. ( )

생일
축하
케이크
찍다
파티
재미있다

다. ______에 주의하면서 듣고 따라 해 봅시다. 11-3

Paying careful attention to the underlined part, listen and read along out loud.

1. 친구들이 투이 씨 생일을 축하해요.
2. 알렉세이 씨는 춤을 춰요.
3. 파티가 재미있어요.

라. 읽은 내용을 대화로 만들어 봅시다.

Practice having a conversation using what you read.

투이 : 여보세요?

지훈 : 여보세요? 투이 씨, 어디예요?

투이 : 집이에요. 오늘 제 생일이에요. 지금 생일 파티를 해요.

지훈 : 아, 그래요? ________.

투이 : 고맙습니다.

지훈 : 누가 있어요?

투이 : ______, ______, ______, ______, _____이/가 __________.

지훈 : 제프리 씨는 무엇을 해요?

투이 : _______이/가 ________________.

지훈 : 누가 노래를 해요?

투이 : _______이/가 _________________.

지훈 : 재미있어요?

투이 : ____________________.

여러분 나라에서는 생일에 무엇을 먹어요? 무엇을 선물해요? 친구와 같이 이야기해 보세요.

In your native country, what do you normally eat when celebrating someone' s birthday? What kinds of gifts are given? Have a conversation with a partner about this.

12과 커피숍에서 아르바이트를 해요

준비 1 안

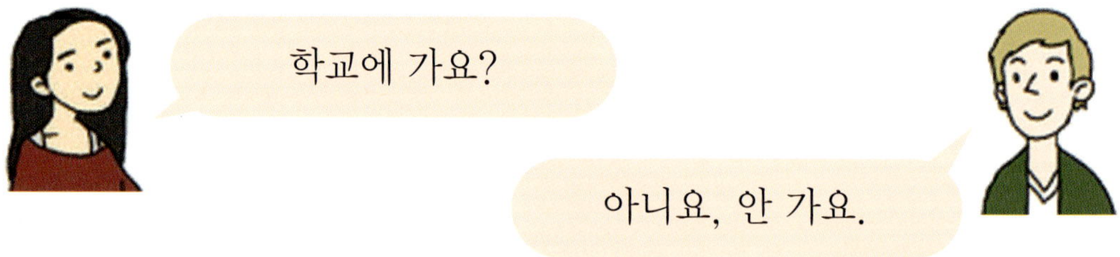

연습 1 위와 같이 대화를 만들어 봅시다.
Have a conversation, following the above example.

커피를 안 마셔요.

1. 커피를 마시다
2. 돼지고기를 먹다
3. 축구를 하다
4. 담배를 피우다
5. 내일 시장에 가다
6. 날씨가 좋다

돼지고기
축구
담배
피우다
내일
시장
날씨
좋다

안

Used before a verb or an adjective to indicate the negative or the opposite meaning. Generally used in a colloquial situation. If the verb has the structure of 'N+ 을/를 + 하다', its negative form is 'N을/를 안 해요', not '안 N을/를 해요'.

- 토요일에 학교에 가요. ↔ 안 가요.
- 저는 커피를 마셔요. ↔ 안 마셔요.
- 지금 공부를 해요. ↔ 공부를 안 해요.
- 오늘 날씨가 좋아요. ↔ 안 좋아요.

좋다[조타]

연습 2 다음과 같이 묻고 대답해 봅시다.
Practice asking and answering questions, following the example below.

> **가** : 책을 읽어요?
> **나** : 아니요, 책을 안 읽어요. 신문을 읽어요.

1. 책을 읽다 / 신문
2. 주스를 마시다 / 우유
3. 라면을 먹다 / 김밥
4. 영화를 보다 / 텔레비전
5. 시장에 가다 / 편의점
6. 과일을 사다 / 과자

연습 3 다음과 같이 이야기해 봅시다.
Practice asking and answering questions, following the example below.

> **가** : 오늘 학교에 가요?
> **나** : 아니요, 오늘 학교에 안 가요.
> **가** : 그럼, 무엇을 해요?
> **나** : 친구를 만나요.

1.

(×) (○)

2.

(×) (○)

3.

(×) (○)

4.

(×) (○)

5.

(×) (○)

6.

(×) (○)

김밥
편의점
과일
오늘
그럼

편의점[펴늬점/펴니점]

준비 2 에서

어디에서 옷을 사요?

백화점에서 옷을 사요.

연습 1 다음과 같이 말해 봅시다.
Let' s speak, following the example below.

서점에서 책을 사요.

1. 서점 / 책을 사다
2. 공원 / 운동을 하다
3. 은행 / 돈을 찾다
4. 시장 / 과일을 사다
5. 공원 / 산책을 하다
6. 회사 / 일을 하다

에서
Attached after a noun denoting a location to indicate that the location is the place where an action is taking place.

- 학교에서 선생님을 만나요.
- 집에서 쉬어요.

백화점
찾다
산책
일

백화점에서[배콰저메서] 옷을[오슬]

연습 2 다음과 같이 묻고 대답해 봅시다.
Practice asking and answering questions, following the example below.

가 : 어디에서 공부를 해요?
나 : 학교에서 공부해요.

1. 공부를 하다 / 학교
2. 과일을 사다 / 시장
3. 돈을 찾다 / 은행
4. 책을 읽다 / 도서관
5. 운동을 하다 / 운동장
6. 김밥을 먹다 / 식당

연습 3 다음 장소에서 무엇을 할 수 있는지 친구와 이야기해 봅시다.
Have a conversation with a partner about what things you can do at the locations noted below.

가 : 집에서 무엇을 해요?
나 : 집에서 텔레비전을 봐요.

집	학교	도서관
√ 텔레비전을 보다	√	√
√	√	√
√	√	√
√	√	√

식당	커피숍	은행
√	√	√
√	√	√
√	√	√
√	√	√

텔레비전을[텔레비저늘]

대화 12-1

간토야	마키 씨, 집에 가요?
마키	아니요, 집에 안 가요. 커피숍에 가요.
간토야	그럼, 커피숍에서 무엇을 해요?
마키	커피숍에서 아르바이트를 해요.

확인해 봅시다.
Let's check.

- 마키 씨가 어디에 가요?
- 마키 씨가 아르바이트를 해요?

다음 장소 카드를 가지고 위와 같이 대화를 만들어 봅시다.
Guided by the above text, practice having a conversation about the location depicted on the card.

공원

은행

시장

노래방

도서관

농구장

친구를 만나다, 농구를 하다, 산책을 하다, 돈을 찾다, 책을 읽다, 노래를 하다, 축구를 하다, 과일을 사다, 옷을 사다……

아르바이트
공원
농구장
농구

집에[지베] 커피숍에서[커피쇼베서]

활동

여러분은 고향에서 무엇을 해요? 무엇을 안 해요?
한국에서 무엇을 해요? 무엇을 안 해요?
What do people do in your hometown? What do they not do?
What do people do in Korea? What do they not do?

저는 고향에서 요리를 해요. 한국에서 요리를 안 해요.

일	고향	한국
요리		
수영		
아르바이트		

듣기

- 여러분은 오늘 무엇을 해요?
  What are you going to do today?

- 들어 봅시다. 12-2
  Let's listen.

가. 듣고 이야기해 봅시다.
Let' s listen and then discuss.

1. 윤아 씨가 오늘 어디에 가요?
2. 마키 씨가 아르바이트를 해요?

나. 다시 한번 듣고 맞으면 O, 틀리면 X를 하세요.
Let' s listen to the recording one more time. If the following statement is correct, mark a circle. If it is incorrect, mark an X.

1. 윤아 씨는 오늘 약속이 있어요. (　　)
2. 오늘은 윤아 씨 생일이에요. (　　)
3. 마키 씨는 오늘 쉬어요. (　　)

다. 듣고 써 봅시다. 12-3
Listen and write down the sentences you hear.

1. ______
2. ______
3. ______

- 여러분은 오늘 어디에 가요? 친구는 어디에 가요?
  Where are you going today? Where is your partner going?

memo

13과 시장에서 과일하고 고기를 사요

준비 1 날짜, 요일

오늘이 며칠이에요?

일월 팔 일이에요.

연습 1 다음과 같이 날짜를 읽어 봅시다.
Practice reading the date, following the example below.

> 이월 십 일이에요.

1. 2월 10일　　2. 4월 11일　　3. 6월 13일
4. 8월 22일　　5. 10월 4일　　6. 1월 1일

연습 2 다음과 같이 날짜를 묻고 대답해 봅시다.
Practice asking and answering questions about the date, following the example below.

> 가 : 오월 일 일이 무슨 요일이에요?
> 나 : 월요일이에요.

05

일요일	월요일	화요일	수요일	목요일	금요일	토요일
	1	2	3	4	5	6
7	8	9	10	11	12	13

월 (Month)

1월	2월	3월	4월	5월	6월	7월	8월	9월	10월	11월	12월
일월	이월	삼월	사월	오월	*유월	칠월	팔월	구월	*시월	십일월	십이월

날짜
며칠
일
월요일
화요일
수요일
목요일
금요일
토요일
일요일
무슨

일월[이뤌] 팔 일[파릴] 월요일이에요[워료이리에요] 목요일[모교일] 금요일[그묘일]

준비 2 에[2]

언제 친구를 만나요?

토요일에 친구를 만나요.

연습 1 다음과 같이 말해 봅시다.
Let' s speak, following the example below.

> **가 :** 언제 도서관에 가요?
> **나 :** 화요일에 도서관에 가요.

일요일	월요일	화요일	수요일	목요일	금요일	토요일
시장 	학교 	도서관 	친구 	사무실 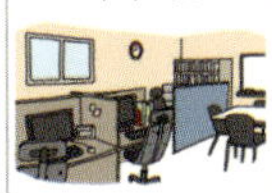	영화 	운동 

1. 도서관에 가다
2. 친구를 만나다
3. 사무실에 가다
4. 영화를 보다
5. 운동을 하다
6. 시장에 가다

에[2]
Attached after a noun denoting a time to indicate that an action or state is taking place at that time. Not used after adverbs such as '내일', '오늘', '어제', '그저께', '모레', '지금'.

- 저는 아침에 운동을 해요.
- 토요일에 친구를 만나요.
- 오후에 도서관에 가요.
- 지금에 운동을 해요.(X)
- 내일에 친구를 만나요.(X)

언제
만나다

연습 2 다음과 같이 묻고 대답해 봅시다.
Practice asking and answering questions, following the example below.

> **가** : 오전에 무엇을 해요?
> **나** : 오전에 한국어를 공부해요.

1. 오전 / 한국어를 공부하다
2. 오후 / 친구를 만나다
3. 아침 / 신문을 읽다
4. 저녁 / 텔레비전을 보다
5. 주말 / 쇼핑을 하다
6. 방학 / 여행을 하다

연습 3 친구와 같이 이야기해 봅시다.
Practice asking and answering questions with a partner.

> **가** : 언제 학교에 가요?
> **나** : 아침에 학교에 가요.
> **가** : 학교에서 뭘 해요?
> **나** : 학교에서 한국어를 배워요.

어디	언제	무엇
√ 학교	√ 아침	√ 한국어를 배우다
√ 도서관	√ 오후	√ 책을 읽다
√	√	√
√	√	√

오전
한국어
오후
아침
저녁
주말
방학
여행
배우다

준비 3 하고

뭐가 있어요?

사과하고 배가 있어요.

연습 1 다음과 같이 묻고 대답해 봅시다.
Practice asking and answering questions, following the example below.

> **가 :** 뭐가 있어요?
> **나 :** 우유하고 빵이 있어요.

1. 우유 / 빵

2. 티셔츠 / 바지

3. 연필 / 지우개

4. 가방 / 우산

4. 주스 / 사과

6. 볼펜 / 수첩

하고

Used to connect two or more nouns of people or things in a parallel way. Often used in a colloquial situation.

- 책하고 공책
- 우유하고 빵
- 선생님하고 학생

바지
배

책하고[채카고]

연습 2 다음과 같이 묻고 대답해 봅시다.
Practice asking and answering questions, following the example below.

> **가 :** 무엇을 사요?
> **나 :** 비누하고 칫솔을 사요.

> **가 :** 누구를 만나요?
> **나 :** 어머니하고 아버지를 만나요.

1. 비누 / 칫솔
2. 어머니 / 아버지
3. 지우개 / 필통
4. 여동생 / 남동생
5. 공책 / 연필
6. 친구들 / 선생님

연습 3 친구와 같이 이야기해 봅시다.
Practice asking and answering questions with a partner.

우리 반에 어느 나라 사람이 있어요?

가방에 뭐가 있어요?

교실에 뭐가 있어요?

방에 뭐가 없어요?

아침에 뭘 먹어요?

어머니
아버지
여동생
남동생
휴지

칫솔을[친쏘를/치쏘를]

대화 13-1

간토야 알렉세이 씨, 언제 시장에 가요?
알렉세이 토요일에 가요.
간토야 시장에서 무엇을 사요?
알렉세이 과일하고 고기를 사요.

- 확인해 봅시다.
  Let's check.
  - 알렉세이 씨는 일요일에 시장에 가요?
  - 시장에서 과일을 사요?

- 다음 표현을 사용해서 위와 같이 대화를 만들어 봅시다.
  Using the expressions below, have a conversation, following the above example.

시장	*토요일*	*과일, 고기*	*사다*
편의점	아침	칫솔, 비누	사다
커피숍	저녁	알렉세이, 압둘라	만나다

고기

활동

○ 다음 주간계획표를 보고 친구와 이야기해 보세요.
Look at the weekly schedule below and discuss the date with a partner.

가 : 월요일에 뭘 해요?
나 : 월요일에 학교에 가요.

〈김윤아의 일주일〉

일요일	월요일	화요일	수요일	목요일	금요일	토요일

____요일에 뭐 해요?

____요일에 어디에 가요?

언제 ________에 가요?

언제 ________을/를 해요?

○ 나의 주간 계획표를 쓰고 친구와 얘기해 보세요.
Write your weekly schedule and discuss with your partner.

〈나의 일주일〉

일요일	월요일	화요일	수요일	목요일	금요일	토요일

읽기

여러분은 주말에 어디에 가요? 거기에서 무엇을 해요?
Where do you go on the weekend? What do you do there?

읽어 봅시다. 13-2
Let' s read.

저는 주말에 친구를 만나요. 친구하고 같이 인사동에 가요. 외국 사람이 인사동에 많이 와요. 우리는 인사동에서 옛날 물건을 구경해요. 인사동에 옛날 물건이 많아요.

인사동에 한국 식당하고 찻집이 있어요. 우리는 된장찌개를 먹어요. 그리고 찻집에서 한국 차를 마셔요. 커피를 안 마셔요.

가. 읽고 이야기해 봅시다.
Let' s read and then discuss.

1. 이 사람은 주말에 무엇을 해요?
2. 이 사람하고 친구는 주말에 어디에 가요?
3. 이 사람하고 친구는 무엇을 먹어요? 무엇을 마셔요?

나. 윗글을 읽고 맞으면 O, 틀리면 X를 하세요.
Read the above text. If the following statement is correct, mark a circle. If it is incorrect, mark an X.

1. 인사동에 외국 사람이 많이 와요. (   )
2. 친구하고 같이 커피를 마셔요. (   )

인사동
외국
옛날
구경
찻집
된장찌개
차

다. ______에 주의하면서 듣고 따라 해 봅시다. 13-3

Paying careful attention to the underlined part, listen and read along out loud.

1. 외국 사람이 많이 와요.
2. 친구하고 같이 인사동에 가요.
3. 옛날 물건을 구경해요.

라. 읽은 내용을 대화로 만들어 봅시다.

Practice having a conversation using what you read.

이리나 : 마키 씨, 주말에 인사동에 가요?

마키 : ______________________.

이리나 : 인사동에 뭐가 많아요?

마키 : ______________________.

이리나 : 인사동에서 뭘 먹어요?

마키 : ______________________.

여러분 나라에도 옛날 물건을 파는 곳이 있어요? 친구와 이야기해 보세요.

In your country is there a place where antique objects are sold? Have a conversation with a partner about this.

문화 Culture

외국인이 자주 가는 서울의 명소
Tourist attractions in Seoul for foreigners

When asking foreign tourists in Korea, "Where are you going this weekend?" many will respond that they are going to visit Myeong-dong. As Myeong-dong has many clothing and accessory stores, it' s a great place to shop. In addition to Myeong-dong, there are many other places in Seoul for foreigners to go. At Insa-dong, one can shop for traditional Korean items, or go to traditional teahouses, traditional restaurants, and art galleries. The Hongdae area features street vendors who sell their handmade products, and resembles a flea market. Hongdae area is also a popular spot for teenagers and university students, as there are many trendy shops for clothes and accessories. It also provides lots of opportunities for Korean and foreign youth to meet and interact. What would you say to bargain for a cheaper price? You can try saying "좀 깎아 주세요."

● 해 봅시다.
Let' s practice.

- 서울에서 내가 가고 싶은 곳을 친구와 같이 이야기해 봅시다.
  Name the places you would like to visit in Seoul. Try having a conversation about it with your partner.
- 그곳에 무엇이 있습니까? 친구와 같이 이야기해 봅시다.
  What kinds of things do they have there? Try having a conversation about it with your partner.

가족과 친구

학습 목표 : 지인에 대해 말할 수 있다.

14과 | 친구가 친절해요
-지 않다, 도

15과 | 이분이 아버지세요
가족, 와(과), -(으)시-

16과 | 저는 커피를 마시겠습니다
-(스)ㅂ니다, -(스)ㅂ니까?, -겠-[1]

17과 | 제 친구는 몽골에서 왔어요
-았/었/였-, 에서 왔어요

14과 친구가 친절해요

준비 1 형용사

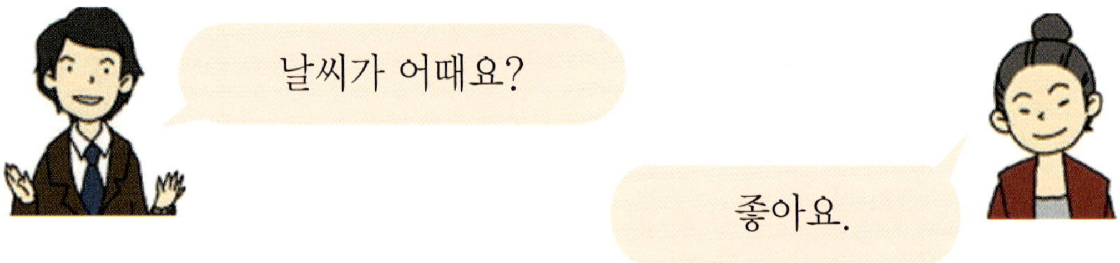

연습 1 다음과 같이 말해 봅시다.
Let' s speak, following the example below.

> 가방이 작아요.

1. 가방 / 작다
2. 자동차 / 비싸다
3. 학생 / 적다
4. 선생님 / 친절하다
5. 카오루 씨 / 멋있다
6. 날씨 / 나쁘다

작다
자동차
비싸다
적다
친절하다
멋있다
나쁘다

형용사 (Adjectives)

Denotes a quality or a state of a thing. A Korean adjective has its characteristic of having a base form and of being able to be conjugated.

• 가방이 큽니다. • 꽃이 예뻐요. • 제프리 씨가 친절해요. • 사과가 맛있어요.

연습 2 그림을 보고 다음과 같이 묻고 대답해 봅시다.
Look at the pictures and practice asking and answering questions, following the example below.

> 가 : 카오루 씨 집이 어때요?
> 나 : 작아요.

길다	짧다	싸다	비싸다	재미있다	재미없다
많다	적다	예쁘다	멋있다	크다	✓작다

1. 카오루 씨 집

윤아 씨 집　　카오루 씨 집

2. 미나 씨 머리

미나　　소라

3. B반 학생

A반　　B반

4. 미나 씨 가방

미나 씨 가방　　소라 씨 가방

5. 텔레비전

6. 카오루 씨 여자 친구

연습 3 친구와 같이 이야기해 봅시다.
Practice asking and answering questions with a partner.

> 가 : ○○ 씨가 어때요?
> 나 : ○○ 씨가 재미있어요.

○○ 씨가 어때요?　○○ 씨 옷이 어때요?　○○ 씨 시계가 어때요?
교실이 어때요?　학교가 어때요?　서울이 어때요?　고향이 어때요?

어떻다
길다
짧다
많다
싸다
재미없다
예쁘다
크다
여자
남자
서울
고향

준비 2 -지 않다

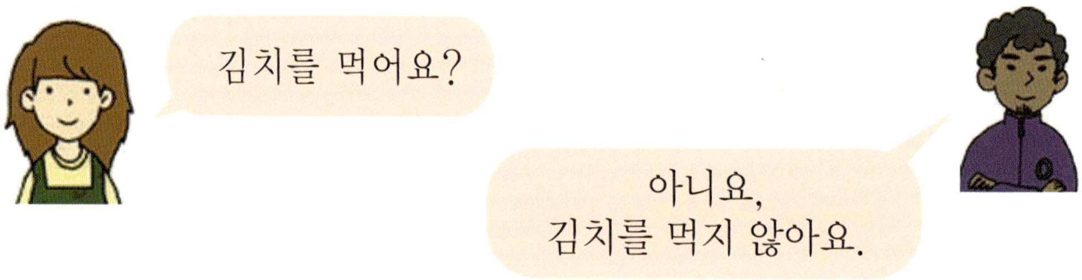

연습 1 다음과 같이 말해 봅시다.
Let' s speak, following the example below.

커피를 마시지 않아요.

1. 커피를 마시다
2. 텔레비전을 보다
3. 농구를 하다
4. 지금 집에 가다
5. 오늘 친구를 만나다
6. 김치를 좋아하다

-지 않다

Attached after the stem of a verb or an adjective and expresses a negative or opposite meaning. Generally used in a cloooquial situation. (Refer to the '안' negative form of lesson 12 to review simple negation.)

- 토요일에 학교에 가지 않아요.
- 지금 공부를 하지 않아요.
- 저는 커피를 마시지 않아요.
- 오늘 날씨가 좋지 않아요.

- 가: 투이 씨, 지금 집에 가요?
  나: 아니요, 집에 가지 않아요. 도서관에 가요.

김치
좋아하다

않아요[아나요]

연습 2 다음과 같이 묻고 대답해 봅시다.

Practice asking and answering questions, following the example below.

가 : 과일이 비싸요?
나 : 아니요, 비싸지 않아요. 싸요.

1. 과일 / 비싸다
2. 꽃 / 싸다
3. 사람 / 적다
4. 머리 / 짧다
5. 책 / 재미없다
6. 키 / 크다

연습 3 친구와 같이 이야기해 봅시다.

Practice asking and answering questions with a partner.

가 : 커피를 마셔요?
나 : 아니요, 커피를 마시지 않아요. 물을 마셔요.

1. 커피를 마시다 / 물
2. 라면을 먹다 / 김밥
3. 책을 읽다 / 신문
4. 영화를 보다 / 텔레비전
5. 시장에 가다 / 편의점
6. 과일을 사다 / 과자

꽃
키

많아요[마나요] 짧아요[짤바요]

준비 3 도

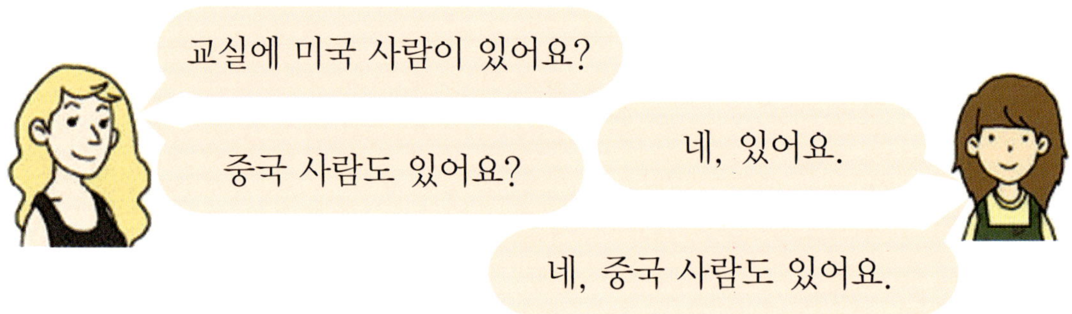

연습 1 다음과 같이 말해 봅시다.
Let's speak, following the example below.

> 교실에 몽골 사람이 있어요.
> 일본 사람도 있어요.

1. 교실 / 몽골 사람 / 일본 사람
2. 학교 / 베트남 사람 / 사우디아라비아 사람
3. 기숙사 / 한국 사람 / 중국 사람
4. 가게 / 사과 / 배
5. 책상 / 연필 / 공책
6. 냉장고 / 물 / 우유

도

Used after a noun or an adverbial to indicate additive meaning to a current thing or situation. Cannot be used with the subject particle '이/가' or the object particle '을/를'.

- 압둘라 씨는 학생이에요. 저도 학생이에요.
- 아침에 빵을 먹어요. 사과도 먹어요.
- 카오루 씨가 집에 가요. 간토야 씨가도 집에 가요. (×)
- 저는 어제 알렉세이 씨를 만났어요. 제프리 씨를도 만났어요. (×)

연습 2 다음과 같이 묻고 대답해 봅시다.
Practice asking and answering questions, following the example below.

> 가 : 한국어를 배워요?
> 나 : 네, 한국어를 배워요.
> 가 : 영어도 배워요?
> 나 : 네, 영어도 배워요.

1. 한국어 / 영어 / 배우다
2. 커피 / 녹차 / 마시다
3. 티셔츠 / 바지 / 사다
4. 책 / 신문 / 읽다
5. 과자 / 빵 / 팔다
6. 뉴스 / 드라마 / 보다

연습 3 친구와 같이 이야기해 봅시다.
Practice asking and answering questions with a partner.

> 가 : 시장에서 사과를 사요.
> 나 : 시장에서 사과를 사요. 우유도 사요.
> 다 : 시장에서 사과를 사요. 우유도 사요.
> 고기도 사요.

장소	물건
⇨ 시장 ⇨ 문구점 ⇨ 편의점 ⇨ ……	⇨ 사과, 우유, 고기…… ⇨ ⇨ ⇨

영어
녹차
팔다
뉴스
드라마

한국어[한구거] 읽어요[일거요]

대화 14-1

이리나	투이 씨, 기숙사에서 누구와 같이 살아요?
투이	고향 친구하고 같이 살아요.
이리나	고향 친구도 한국말을 배워요?
투이	아니요, 고향 친구는 한국말을 배우지 않아요.
이리나	그 친구가 친절해요?
투이	친절해요.

확인해 봅시다.
Let's check.

- 투이 씨가 기숙사에서 누구와 같이 살아요?
- 투이 씨와 친구는 무엇을 해요?

다음 표현을 사용해서 위와 같이 대화를 만들어 봅시다.
Using the expressions below, have a conversation, following the above example.

고향 친구	*한국말*	*배우다*	*친구*	*친절하다*
한국 친구	영어	배우다	친구	재미있다
고향 언니	한국어	공부하다	언니	예쁘다
러시아 친구	일본어	배우다	친구	키가 크다
일본 친구	한국 요리	잘 먹다	친구	좋다

살다
한국말
일본어
잘
언니

같이[가치] 한국말[한궁말]

활동

여러분 친구에 대해서 써 봅시다. 먼저 친구를 인터뷰하세요.
Write a few sentences about your friend. First of all, interview him/her.

질문	친구 이름 : 밍밍	친구 이름 :
어디에서 살아요?	기숙사	
누구와 같이 살아요?	고향 친구	
무엇을 잘해요?	한국어	
무엇을 좋아해요?	운동, 요리	
무엇을 좋아하지 않아요?	김치	
아르바이트를 해요?	○	

제 친구 이름은 밍밍이에요. 밍밍은 기숙사에서 살아요. 고향 친구와 같이 살아요. 제 친구 밍밍은 한국어를 잘해요. 밍밍은 요리와 운동을 좋아해요. 김치를 좋아하지 않아요. 밍밍은 아르바이트를 해요. 아주 바빠요.

제 친구 이름은

읽기

- 여러분이 요즘 한국에서 하는 일과 하지 않는 일이 뭐예요?
  What are the things that you currently do and don' t do in Korea?

- 읽어 봅시다. 14-2
  Let's read.

저는 이지훈이에요. 대학생이에요. 지금 방학이에요. 수업이 없어요. 학교에 가지 않아요. 저는 서점에서 아르바이트를 해요. 그래서 밤에 좀 피곤해요. 밤에 친구를 만나지 않아요. 집에서 책을 읽어요. 텔레비전도 봐요.

저는 투이예요. 한국 사람이 아니에요. 베트남 사람이에요. 지금 한국에서 한국어를 공부해요. 여러 나라 친구들과 같이 공부해요. 교실에서 베트남 말을 하지 않아요. 커피숍에서 친구들과 같이 커피도 마셔요. 학교생활이 재미있어요.

가. 읽고 이야기해 봅시다.
Let' s read and discuss.
이지훈 씨와 투이 씨가 하는 것과 하지 않는 것을 나눠서 쓰세요.
Distinguish between those things that Lee Ji Hoon and Thuy do and those they don' t do and write about them.

	무엇을 해요?	무엇을 하지 않아요?
이지훈		
투이		

나. 윗글을 읽고 맞으면 ○, 틀리면 ×를 하세요.
Read the above text. If the following statement is correct, mark a circle. If it is incorrect, mark an X.

1. 지훈 씨는 대학교에 다녀요. (　　)
2. 지훈 씨는 방학에 학교에 가지 않아요. (　　)
3. 투이 씨는 베트남어를 배워요. (　　)
4. 투이 씨는 한국에서 일해요. (　　)

대학생
수업
좀
그래서
여러
피곤하다
베트남 말
생활

다. ______에 주의하면서 듣고 따라 해 봅시다. 14-3
Paying careful attention to the underlined part, listen and read along out loud.

1. 수업이 없어요.
2. 집에서 책을 읽어요.
3. 한국에서 한국어를 공부해요.

라. 읽은 내용을 대화로 만들어 봅시다.
Practice having a conversation using what you read.

지훈 : 투이 씨, 한국말을 배워요?

투이 : ____.

지훈 : 교실에서 베트남 말을 해요?

투이 : ____.

지훈 씨는 방학에 무엇을 해요?

지훈 : ____.

투이 : 방학에 ____________________________________?

지훈 : 아니요. 학교에 가지 않아요.

학생이 하는 일과 하지 않는 일을 이야기해 봅시다.
Discuss those things that students do and those things that they don' t do.

15과 이분이 아버지세요

준비 1 가족

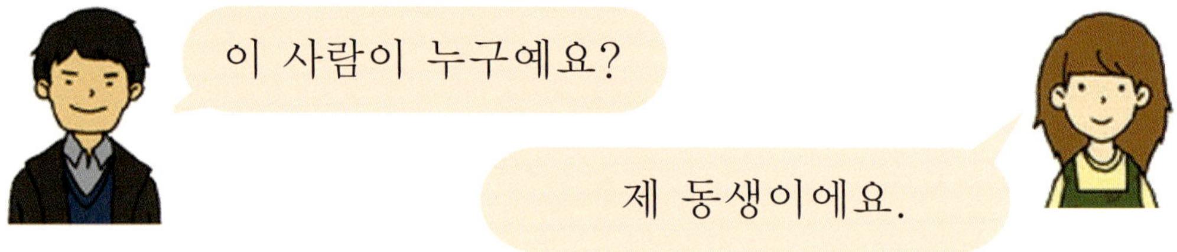

연습 1 다음과 같이 말해 봅시다.
Let' s speak, following the example below.

이 사람이 제 남동생이에요.

1. 남동생 2. 여동생 3. 언니 4. 누나 5. 오빠 6. 형

가족

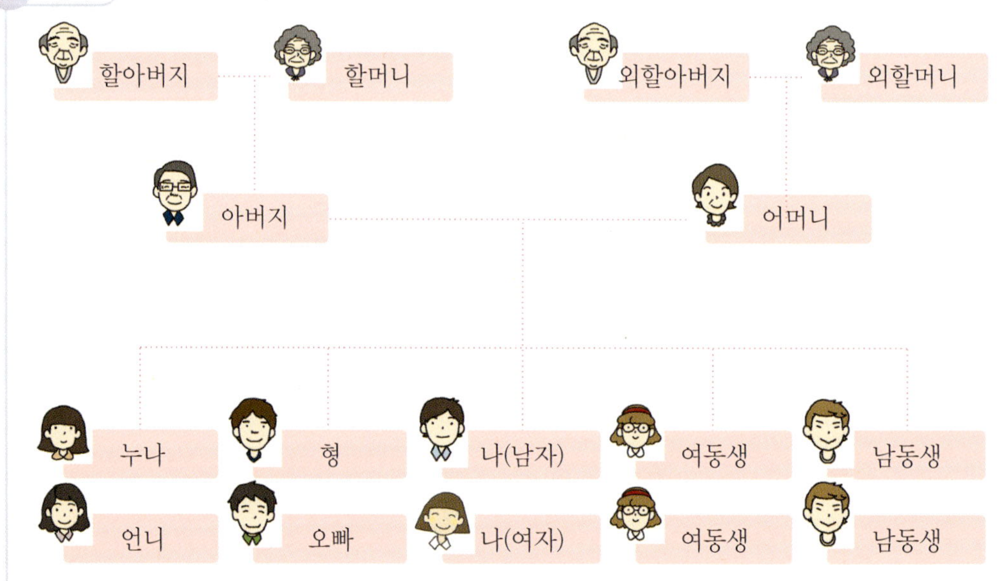

동생
누나
오빠
형
할아버지
할머니
외할아버지
외할머니

연습 2 다음과 같이 묻고 대답해 봅시다.
Practice asking and answering questions, following the example below.

> 가 : 투이 씨, 여동생이 몇 살이에요?
> 나 : 열네 살이에요.

1. 여동생 / 14살
2. 언니 / 21살
3. 누나 / 28살
4. 오빠 / 30살
5. 형 / 22살
6. 남동생 / 17살

연습 3 친구의 가족에 대해 묻고 대답해 봅시다.
With a partner, ask and answer each other questions about your families.

> 가 : 투이 씨, 언니가 있어요?
> 나 : 네, 언니가 한 명 있어요.
> / 아니요, 언니가 없어요.

1. 언니(누나)
2. 여동생
3. 남동생
4. 오빠(형)

살

몇 살[면쌀]

준비 2 와/과

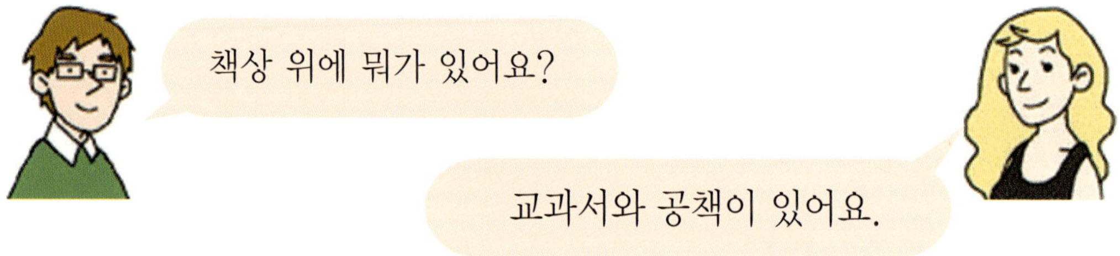

연습 1 다음과 같이 말해 봅시다.
Let' s speak, following the example below.

> 연필과 공책이 있어요.

1. 연필 / 공책
2. 우산 / 가방
3. 구두 / 양말
4. 티셔츠 / 바지
5. 선생님 / 학생
6. 압둘라 / 왕쯔이

와/과

Used to connect nouns in a parallel way. After a noun that ends with a consonant, '과' should be used and after a noun that ends with a vowel, '와' should be used. (Refer to '하고' of lesson 13 which is generally used in a colloquial situations.)

• 책상과 의자가 있어요. • 우유와 빵을 먹어요. • 어머니와 아이가 가요.

교과서
구두
양말

연습 2 다음과 같이 묻고 대답해 봅시다.
Practice asking and answering questions, following the example below.

가 : 무엇이 있어요? 나 : 빵과 우유가 있어요.	가 : 누가 있어요? 나 : 언니와 오빠가 있어요.

1. 빵 / 우유
2. 언니(누나) / 오빠(형)
3. 구두 / 양말
4. 베트남 사람 / 한국 사람
5. 우산 / 가방
6. 회사원 / 경찰관

연습 3 친구와 같이 묻고 대답해 봅시다.
With a partner, practice asking and answering questions.

책상 위에 뭐가 있어요?

지갑에 뭐가 있어요?

옆에 누가 있어요?

교실에 뭐가 있어요?

언제 학교에 안 가요?

옷가게에서 뭘 사요?

가르치다

준비 3 -(으)시-

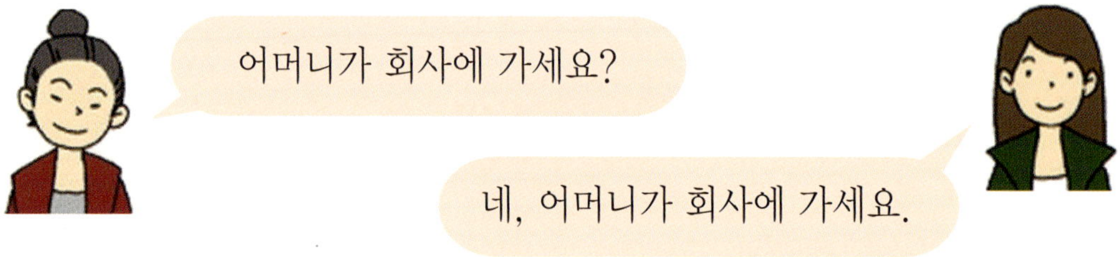

연습 1 다음과 같이 말해 봅시다.
Let's speak, following the example below.

오세요.

1. 오다
2. 사다
3. 일하다
4. 입다
5. 읽다
6. 선생님이다

-(으)시-

This honorific suffix '-(으)시-' is attached after the stem of a verb, adjective or 'N(Noun)+이다' to express the speaker's intention of showing respect to the person being discussed. For a polite ending form of 'N+이다' structure, if the noun ends with a vowel, '-세요' is used, but if the noun ends with a consonant, '-으세요' should be used. Also, for a verb or an adjective, '-세요' is used if the verb or adjective ends with a vowel, but '-으세요' is used if the verb or adjective ends with a consonant. For a verb or an adjective ending with '하다', '-세요' is used after a stem.

- 누구예요? → 누구세요?
- 어머니예요. → 어머니세요.
- 선생님이에요. → 선생님이세요.
- 가요. → 가세요.
- 읽어요. → 읽으세요.
- 해요. → 하세요.

어휘 자체를 바꿔서 높임을 나타낼 수도 있다.
Some verbs have special words for their honorific usage.

※ (사람이) 있어요 → 계세요
※ 먹어요 → 잡수세요 / 드세요
※ 마셔요 → 드세요
※ 자요 → 주무세요
※ 사람 → 분
※ 이름 → 성함
※ 나이 → 연세
※ 말 → 말씀

연습 2 다음과 같이 묻고 대답해 봅시다.
Practice asking and answering questions, following the example below.

> **가** : 어머니가 지금 뭘 하세요?
> **나** : 어머니가 버스를 타세요.

1. 버스를 타다
2. 과일을 사다
3. 텔레비전을 보다
4. 사무실에서 일하다
5. 신문을 읽다
6. 학교에서 가르치다

연습 3 친구와 같이 이야기해 봅시다.
Practice asking and answering questions with a partner.

> **가** : 아버지가 어디에서 일하세요?
> **나** : 아버지가 회사에서 일하세요.

1. 아버지가 어디에서 일하세요?
2. 어머니가 회사에 가세요?
3. 아버지가 키가 크세요?
4. 아버지가 요리를 잘하세요?
5. 어머니가 재미있으세요?
6. 부모님이 지금 어디에 계세요?

타다
부모님

계세요[계세요/게세요]

대화 15-1

윤아 이분이 누구세요?

제프리 아버지세요.

윤아 아버지가 멋있으세요. 그럼, 이 사람이 여동생이에요?

제프리 네, 제 여동생이에요.

윤아 여동생은 학생이에요?

제프리 네. 영어와 일본어를 배워요.

○ 확인해 봅시다.
Let's check.

- 누구 사진이에요?
- 여동생이 무엇을 해요?

○ 다음 표현을 사용해서 위와 같이 대화를 만들어 봅시다.
Using the expressions below, have a conversation, following the above example.

아버지	*멋있다*	*여동생*	*영어, 일본어*
어머니	키가 크다	누나	베트남 어, 몽골 어
할아버지	건강하다	형	중국어, 러시아 어
할머니	예쁘다	오빠	한국어, 영어

베트남 어
몽골 어
건강하다
중국어
러시아 어

활동

○ 다음 그림에 알맞은 단어를 써 넣고 여러분의 가족에 대해 쓰고 이야기하세요.
Write the corresponding vocabulary in the picture below, then write about your family and discuss.

가족

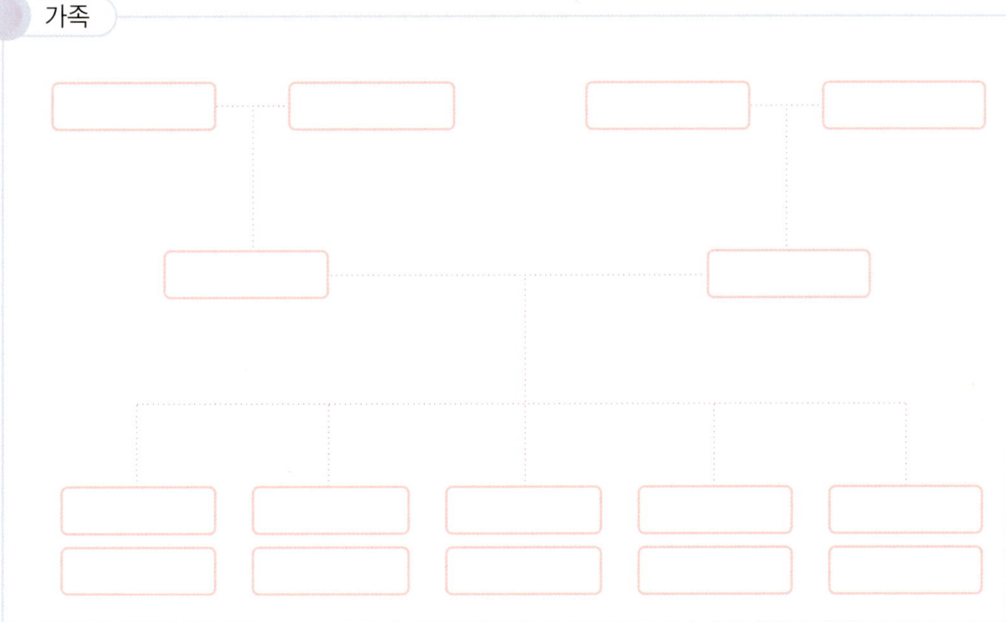

○ 친구의 가족에 대해서 물어 보세요.
Ask your partner about his or her family.

1. 아버지 직업이 뭐예요? 무엇을 좋아하세요?
2. 어머니 직업이 뭐예요? 무엇을 좋아하세요?
3. 언니(오빠, 형, 동생)가 있어요? 무엇을 해요?
4. 할아버지(할머니)가 계세요? 무엇을 좋아하세요?

읽기

- 여러분 가족은 몇 명입니까?
  How many people are in your immediate family?

- 읽어 봅시다. 15-2
  Let's read.

우리 가족이에요. 아버지가 할머니 옆에 계세요. 아버지는 경찰관이세요. 아버지 뒤에 남동생이 있어요. 남동생은 키가 커요. 남동생은 고등학생이에요.

저는 남동생 옆에 있어요. 저는 대학생이에요. 저는 키가 작아요. 제 앞에 할머니와 어머니가 계세요.

어머니는 학교에서 중국어를 가르치세요. 할머니는 요리를 잘하세요. 할머니 요리가 정말 맛있어요.

가. 윗글을 읽고 가족사진에서 각 번호가 누구인지 쓰세요.
Read the text above, write down who each of the family members is as depicted in the family photo.

1. (　　　)　2. (　　　)　3. (　　　)
4. (　　　)　5. (　　　)

나. 읽고 이야기해 봅시다.
Let' s read and discuss.

1. 아버지 직업이 뭐예요?
2. 어머니가 무엇을 가르치세요?
3. 할머니가 무엇을 잘하세요?

고등학생
잘하다
정말

다. ______에 주의하면서 듣고 따라 해 봅시다. 15-3

Paying careful attention to the underlined part, listen and read along out loud.

1. 아버지가 할머니 옆에 계세요.
2. 요리가 정말 맛있어요.

라. 읽은 내용을 대화로 만들어 봅시다.

Practice having a conversation using what you read.

바트 : 민수 씨, 이분이 누구세요?

민수 : 할머니세요.

바트 : 이 사람이 누구예요?

민수 : ________________________________.

바트 : 아버지가 ____________________________?

민수 : 경찰관이세요.

바트 : 어머니가 ____________________________?

민수 : 학교에서 중국어를 가르치세요.

친구 가족에 대해서 이야기해 보세요.

Talk about your partner' s family.

16과 저는 커피를 마시겠습니다

준비 1 -(스)ㅂ니다/-(스)ㅂ니까?

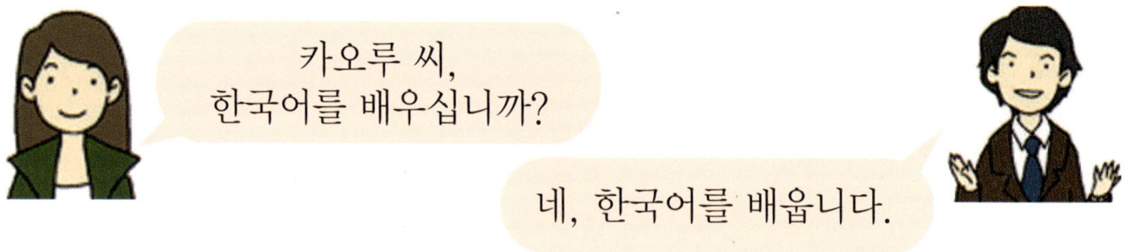

연습 1 다음과 같이 말해 봅시다.
Let' s speak, following the example below.

학교에 갑니다.

1. 학교에 가다
2. 고향 친구를 만나다
3. 한국어를 배우다
4. 친구와 이야기하다
5. 김치를 먹다
6. 한국 신문을 읽다

-(스)ㅂ니다

Attached after the stem of a verb or an adjective to make a statement about a current action or state. This sentence ending is used in formal situations such as in meetings or in news reports. If a verb or an adjective ends with a vowel, '-ㅂ니다' is used, but if the verb or adjective ends with a consonant, '-습니다' is used. '-(스)ㅂ니다' can be attached with suffixes such as '-았/었/였-' or '-겠-'.

- 집에 가요. → 집에 갑니다.
- 책을 읽어요. → 책을 읽습니다.
- 가방이 예뻐요 → 가방이 예쁩니다.
- 날씨가 좋아요. → 날씨가 좋습니다.
- 저는 몽골 사람이에요. → 저는 몽골 사람입니다.
- 아버지는 책을 읽으세요. → 아버지는 책을 읽으십니다.
- 김 선생님이 한국어를 가르치세요. → 김 선생님이 한국어를 가르치십니다.

연습 2 다음과 같이 묻고 대답해 봅시다.
Practice asking and answering questions, following the example below.

> 가 : 제프리 씨, 한국어를 배우십니까?
> 나 : 네, 한국어를 배웁니다.

1. 한국어를 배우다
2. 중국어를 가르치다
3. 회사에서 일하다
4. 오늘 영화를 보다
5. 커피를 마시다
6. 내일 고향에 가다

연습 3 여러분이 기자가 되어서 질문을 만들고 친구 3명을 인터뷰하세요.
질문은 '-(스)ㅂ니까?', '-(으)십니까?'로 하고 대답도 '-(스)ㅂ니다'로 하세요.
Pretend to be a journalist and prepare questions to interview three friends. Use the '-(스)ㅂ니까?' and '-(으)십니까?' endings for the questions and use the '-(스)ㅂ니다' ending for the responses.

질문	대답
안녕하십니까?	
이름이 무엇입니까?	
고향이 어디입니까?	
___ 씨는 어디에서 무엇을 하십니까?	

준비 2 -겠-[1]

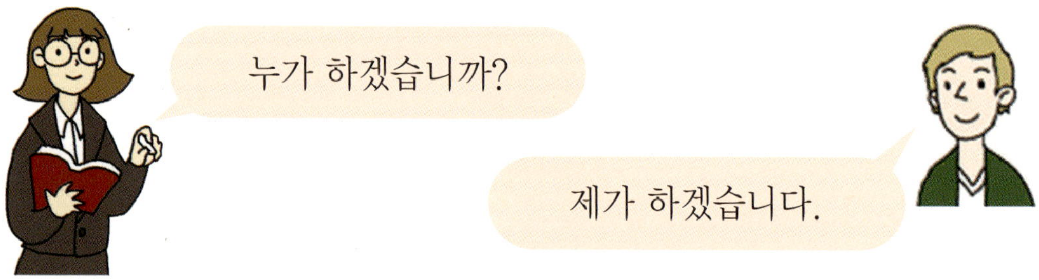

연습 1 다음과 같이 말해 봅시다.
Let' s speak, following the example below.

> 내일 오겠습니다./내일 오지 않겠습니다.

1. 내일 오다
2. 커피를 마시다
3. 사과를 먹다
4. 제가 하다
5. 주스를 마시다
6. 빵을 먹다

-겠-[1]

Attached after the stem of a verb to express an agent's willingness. When the agent (or subject) is in the third person, we cannot use '-겠-'. (Refer to lesson 26 for '-겠-[2]' of conjecture.)

- 가 : 누가 먼저 이야기하겠습니까?
  나 : 제가 먼저 하겠습니다.
- 저는 그 일을 친구에게 말하지 않겠습니다.
- 가 : 제프리 씨는 뭘 드시겠어요?
  나 : 저는 커피로 하겠어요.

오겠습니까[오겐습니까/오게씁니까] 않겠습니다[안켄씁니까/안케씁니다]

연습 2 다음과 같이 묻고 대답해 봅시다.
Practice asking and answering questions, following the example below.

가 : 언제 오겠습니까?
나 : 내일 다시 오겠습니다.

1. 언제 오다 / 내일
2. 누가 하다 / 제가
3. 누가 먼저 얘기하다 / 제가
4. 무엇을 먹다 / 빵을
5. 무엇을 먹다 / 김밥을
6. 무엇을 마시다 / 녹차를

연습 3 여러분은 친구 생일 파티에 무엇을 준비하겠습니까?
아래 표에 쓰고 이야기하세요.
What kinds of preparations would you make for a friend's birthday party? Put them down in the table below to have a conversation about this.

	투이	친구 1	친구 2
노래	○		
춤		○	
사진			
케이크			

다시
드시다
잡수시다
먼저

대화 16-1

제프리	안녕하십니까?
간토야	네, 안녕하십니까? 이분은 왕쯔이 씨입니다.
제프리	안녕하십니까? 저는 제프리입니다.
왕쯔이	반갑습니다. 저는 왕쯔이입니다.
간토야	무엇을 드시겠습니까?
제프리	저는 커피를 마시겠습니다.
왕쯔이	저는 주스를 마시겠습니다.

확인해 봅시다.
Let's check.

- 제프리 씨는 무엇을 마십니까?
- 왕쯔이 씨는 무엇을 마십니까?

다음 표현을 사용해서 위와 같이 대화를 만들어 봅시다.
Using the expressions below, have a conversation, following the above example.

왕쯔이	*제프리*	*커피*	*주스*
투이	바트	녹차	우유
이리나	알렉세이	홍차	콜라
김윤아	이지훈	주스	커피

이분
홍차
콜라

안녕하십니까[안녕하심니까]

활동

앞의 '대화'와 같이 커피숍에서 짝에게 새 친구를 소개하고 음료를 주문해 보세요.
Introduce a new friend to your partner and order bererage in a coffee shop, like '대화'.

(커피숍에서)

나 :

친구 1 :

친구 2 :

커피

우유

주스

홍차

콜라

녹차

듣기

여러분이 새 친구를 만납니다. 새 친구에게 어떻게 인사합니까?
You have just met a new friend. How would you greet your new friend?

들어 봅시다. 16-2
Let's listen.

가. 듣고 이야기해 봅시다.
Let' s listen and discuss.

1. 제프리 씨가 누구하고 누구를 만납니까?
2. 간토야 씨는 어느 나라 사람입니까?
3. 투이 씨는 무엇을 마십니까?

나. 다시 한번 듣고 맞으면 O, 틀리면 X를 하세요.
Let' s listen to the recording one more time. If the following statement is correct, mark a circle. If it is incorrect, mark an X.

1. 투이 씨는 제프리 씨 친구입니다. (   )
2. 간토야 씨는 투이 씨 친구입니다. (   )
3. 제프리 씨는 커피를 마십니다. (   )

다. 듣고 써 봅시다. 16-3
Listen and write down the sentences you hear.

1.
2.
3.

여러분과 같이 공부하는 친구를 서로 소개해 보세요.
Practice introducing yourselves to your fellow classmates.

memo

17과 제 친구는 몽골에서 왔어요

준비 1 –았/었/였–

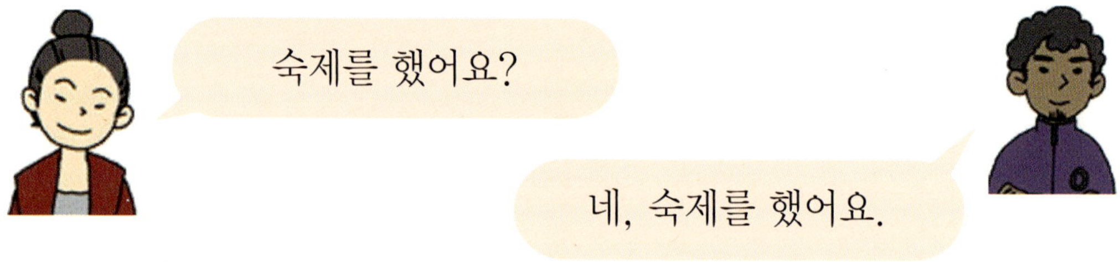

연습 1 다음과 같이 말해 봅시다.
Let' s speak, following the example below.

영화를 봤어요.

1. 영화를 보다
2. 친구를 만나다
3. 청소를 하다
4. 영어를 배우다
5. 빵을 먹다
6. 책을 읽다

–았/었/였–

Attached after the stem of a verb or an adjective to indicate that the event described has already taken place in the past prior to a more recent point in time. If the last syllable of a verb or an adjective has the vowel 'ㅏ' or 'ㅓ', '-았-' should be used. For other vowels aside from 'ㅏ' or 'ㅓ', '-었-' should be used. If the verb ends with '하다', we attach '-였-' to form '하였-' but generally used in the form of '했-'. If a verb or an adjective ends with 'ㅡ', we delete 'ㅡ' as follows: '쓰 + 었 + 어요 → 썼어요'.

- 어제 동생이 집에 왔어요.
- 주말에 청소를 했어요.(←하였어요)
- 인사동에 사람이 많았어요.
- 작년에 이 책을 읽었어요.
- 영화가 재미있었어요.
- 지난 토요일에 친구에게 이메일을 썼어요.

연습 2 다음과 같이 묻고 대답해 봅시다.
Practice asking and answering questions, following the example below.

> 가 : 어제 아침에 도서관에 갔어요?
> 나 : 아니요, 은행에 갔어요.

1. 어제 아침 / 도서관에 가다 / 은행에 가다
2. 지난 수요일 / 친구를 만나다 / 영화를 보다
3. 지난 목요일 / 학교에 오다 / 병원에 가다
4. 작년 / 한국에 있다 / 고향에 있다
5. 지난 주말 / 명동에 가다 / 집에서 쉬다
6. 어제 저녁 / 일찍 자다 / 늦게 자다

연습 3 친구와 같이 이야기해 봅시다.
Practice asking and answering questions with a partner.

> 가 : 지난 주말에 뭐 했어요?
> 나 : 지난 주말에 등산을 했어요.
> 가 : 어땠어요?
> 나 : 좋았어요.

√ 지난 주말	√ 등산	√ 좋다
√ 어제 오전	√ 쇼핑	√ 재미있다
√ 어제 오후	√	√
√ 작년	√	√

어제
지난
작년
일찍
늦게
등산

작년[장년] 늦게[늗께]

준비 2 에서 왔어요

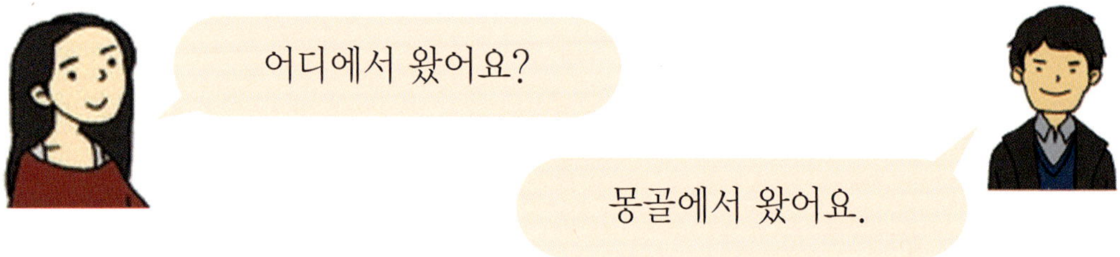

연습 1 다음과 같이 말해 봅시다.
Let' s speak, following the example below.

> 베트남에서 왔어요.

1. 베트남 2. 캐나다 3. 태국
4. 호주 5. 중국 6. 미국

연습 2 다음과 같이 묻고 대답해 봅시다.
Practice asking and answering questions, following the example below.

> **가** : 알렉세이 씨는 어느 나라에서 왔어요?
> **나** : 러시아에서 왔어요.

1. 알렉세이 / 러시아 2. 제프리 / 미국
3. 압둘라 / 사우디아라비아 4. 마키 / 일본
5. 장핑 / 중국 6. 투이 / 베트남

연습 3 친구와 같이 이야기해 봅시다.
Pratice asking and answering question with a partner.

> **가** : 왕쯔이 씨는 어디에서 왔어요?
> **나** : 저는 중국 베이징에서 왔어요.

베이징

왔어요[왇 써요/와써요]

대화 17-1

알렉세이	마키 씨는 어디에서 왔어요?
마키	일본 도쿄에서 왔어요.
알렉세이	고향에서 무엇을 했어요?
마키	회사에서 일했어요.
알렉세이	회사 생활이 어땠어요?
마키	아주 바빴어요.

확인해 봅시다.
Let's check.

- 마키 씨 고향이 어디예요?
- 마키 씨는 고향에서 뭘 했어요?

다음 표현을 사용해서 위와 같이 대화를 만들어 봅시다.
Using the expressions below, have a conversation, following the above example.

마키	*일본 도쿄*	*회사*
제프리	미국 워싱턴	신문사
간토야	몽골 울란바토르	학교
투이	베트남 하노이	병원

아주
바쁘다
도쿄
워싱턴
신문사
울란바토르
하노이

활동

친구들에게 다음 질문을 하고 대답을 쓰세요.
Ask the following questions to a partner and write down their responses.

친구 이름 질문			
어느 나라에서 왔어요?			
누구와 같이 왔어요?			
고향에서 뭘 했어요?			
고향에서 어디에 갔어요?			

읽기

여러분은 이메일을 씁니까?
Do you use email?

읽어 봅시다. 17-2
Let's read.

× 삭제 | 답장 | ALL 전체답장 | 전달 | 저장

보낸사람	이리나<irina@abc.com>
받는사람	장인하 교수님<ihjang@kookmin.ac.kr>
보낸날짜	2011-12-23 10:00:01

안녕하십니까?
저는 이리나입니다.
러시아에서 왔습니다.
저는 고향에서 영어를 공부했습니다.
러시아어와 영어를 통역했습니다.
한국말을 열심히 공부하겠습니다.
감사합니다.
안녕히 계십시오.

이리나 올림

× 삭제 | 답장 | ALL 전체답장 | 전달 | 저장

가. 읽고 이야기해 봅시다.
Let's read and discuss.

1. 누가 이메일을 받습니까?
2. 이리나 씨는 무엇을 공부했습니까?
3. 이리나 씨는 어느 나라 사람입니까?

교수님
통역
열심히
감사하다
안녕히 계십시오
올림
받다

나. 윗글을 읽고 맞으면 O, 틀리면 X를 하세요.
Read the above text. If the following statement is correct, mark a circle. If it is incorrect, mark an X.

1. 이리나 씨는 영어를 잘합니다. (　　)
2. 이리나 씨는 이메일을 받았습니다. (　　)

다. ______에 주의하면서 듣고 따라 해 봅시다. 17-3
Paying careful attention to the underlined part, listen to the reading, and read along out loud.

1. <u>열심히</u> 공부하겠습니다.
2. 안녕히 <u>계십시오</u>.

라. 읽은 내용을 대화로 만들어 봅시다.
Practice having a conversation using what you read.

지훈 : 이리나 씨, 고향이 어디예요?
이리나 : ______________________________.
지훈 : 고향에서 무엇을 공부했어요?
이리나 : ______________________________.
지훈 : 무엇을 통역했어요?
이리나 : ______________________________.
지훈 : 어디에서 공부하겠어요?
이리나 : ______________________________.

여러분의 선생님께 이메일을 써 보세요.
Practice writing an email to your teacher.

문화 Culture

한국어의 호칭
Titles in Korean

In Korean, there are many instances in which terms of kinship are used in other situations. For example, '아주머니' was originally used to refer to one' s father' s sister or one's mother's sister, but this term also can refer to a married woman in general, who is not a relation. Similarly, '아저씨' used to refer to one's father's brothers, but this term can also be used to address an adult male. The words '할아버지' and '할머니' mean 'father' s father' and 'father' s mother' respectively. However, they are also commonly used when referring to other elderly men and women in a friendly way. In the same way, '형(older brother for a male)', '오빠(older brother for a female)', '누나(older sister for a male)' and '언니(older sister for a female)' can be used to address older friends with whom one shares a close relationship.

(Source: "The National Institute of the Korean Language (2010), "Every Aspect of our Language - 16 things a Korean should know about the Korean Language")

● 해 봅시다.
Let' s practice.

- 한국어로 가족을 부르는 말을 연습해 봅시다.
Let' s practice calling your family members in Korean.

일상생활 2

학습 목표 : 시간에 따라 하루 일과를 말할 수 있다.

18과 | 서점에 책을 사러 가요
시간, -(으)러

19과 | 이번 주말에 뭐 할 거예요?
부터 ~까지, -(으)ㄹ 거예요

20과 | 여자 친구한테 선물을 줬어요?
에게/한테, 에게서/한테서, -네요

21과 | 뭐 하고 있어요?
만, -고 있다

18과 서점에 책을 사러 가요

준비 1 시간

지금 몇 시예요?

여덟 시 십 분이에요.

연습 1 그림을 보고 다음과 같이 말해 봅시다.
Look at the pictures and talk about them, following the example below.

1. 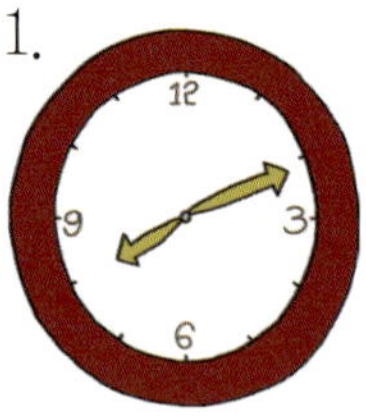

여덟 시 십 분

2. 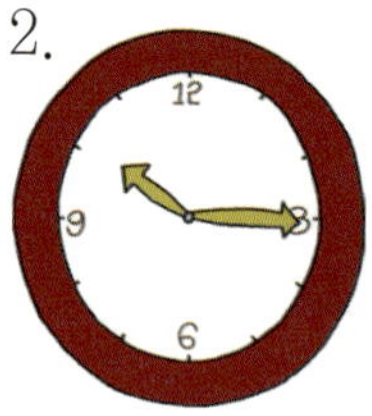

___ 시 ___ 분

3. 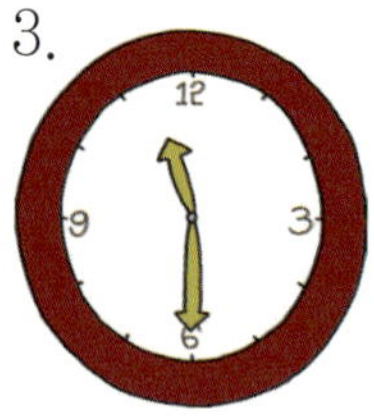

___ 시 ___ 분

4. 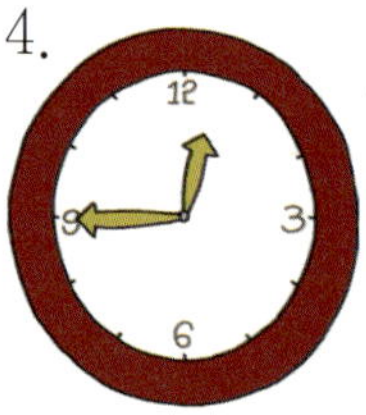

___ 시 ___ 분

5. 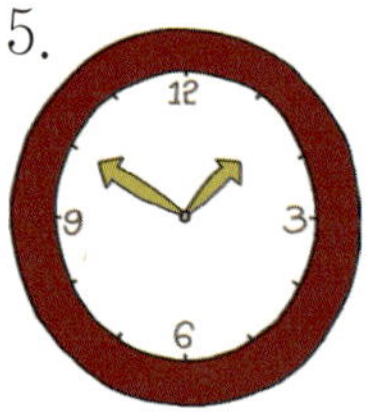

___ 시 ___ 분

6. 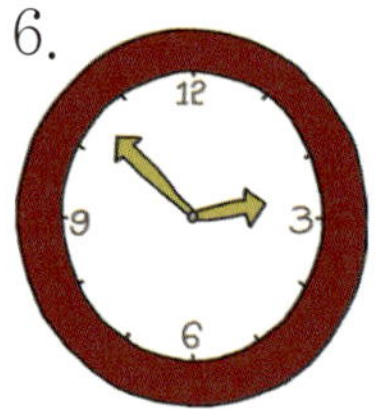

___ 시 ___ 분

시
분

몇 시[면 씨] 아홉 시[아홉 씨] 여덟[여덜]

연습 2 그림을 보고 다음과 같이 묻고 대답해 봅시다.
Look at the pictures and practice asking and answering questions, following the example below.

가 : 지금 몇 시예요?
나 : 오후 두 시 반이에요.

1.

2.

3.

4.

5.

6.

7.

8.

연습 3 몇 시에 무엇을 하는지 친구와 같이 말해 봅시다.
Practice having a conversation with a partner about the things you do and when you do them.

가 : 몇 시에 일어나요?
나 : 일곱 시에 일어나요.

무엇을 해요?	친구 ________	친구 ________
일어나다	7시	
아침을 먹다		
학교에 오다		
점심을 먹다		
숙제를 하다		
자다		

반
일어나다
점심

준비 2 -(으)러

명동에 뭘 하러 가요?

쇼핑하러 가요.

연습 1 다음과 같이 말해 봅시다.
Let's speak, following the example below.

학교에 한국어를 배우러 가요.

1. 학교 / 한국어를 배우다
2. 커피숍 / 친구를 만나다
3. 도서관 / 책을 빌리다
4. 노래방 / 노래를 부르다
5. 백화점 / 옷을 사다
6. 은행 / 돈을 찾다

-(으)러

Attached after a verb denoting movement to express the purpose of the movement. Used with such verbs as '가다(go)', '오다(come)', '다니다(to attend)', '나가다(to go out)', '나오다(to come out)', '들어가다(to enter)', '들어오다(to come in)'. If a verb ends with a consonant, '-으러', and if it also ends with a vowel, '-러' should be used.

- 오후에 공부하러 도서관에 가요.
- 저녁에 밥 먹으러 우리 집에 오세요.
- 옷을 사러 어디에 가세요?

빌리다
노래방
부르다

연습 2 다음과 같이 묻고 대답해 봅시다.
Practice asking and answering questions, following the example below.

> 가 : 용산에 뭘 하러 가요?
> 나 : 컴퓨터를 사러 가요.

1. 용산 / 친구를 만나다
2. 이태원 / 외국 음식을 먹다
3. 홍대 근처 / 춤을 추다
4. 인사동 / 그림을 보다
5. 동대문 시장 / 옷을 사다
6. 부산 / 친구를 만나다

연습 3 친구가 어디에 무엇을 하러 가는지 다음과 같이 묻고 대답을 써 봅시다.
Ask your partner where they are going and what kind of things they do there, following the example below.

> 가 : 왕쯔이 씨는 옷을 사러 어디에 가요?
> 나 : 저는 옷을 사러 명동에 가요.

	친구 ________	친구 ________
옷을 사다	명동	
책을 사다		
영화를 보다		
친구를 만나다		
산책을 하다		
점심을 먹다		
사진을 찍다		

용산
이태원
홍대
근처
그림
동대문
부산
바다

대화 18-1

알렉세이	투이 씨, 어디에 가요?
투이	서점에 책을 사러 가요. 알렉세이 씨는요?
알렉세이	저는 체육관에 운동하러 가요.
투이	그래요? 알렉세이 씨는 언제 운동을 하세요?
알렉세이	수요일과 금요일 오후 4시에 해요.

확인해 봅시다.
Let's check.

- 투이 씨는 어디에 갑니까?
- 알렉세이 씨는 언제 운동을 합니까?

다음 표현을 사용해서 위와 같이 말해 봅시다.
Using the expressions below, have a conversation, following the above example.

서점 / 책을 사다	*체육관 / 운동하다*	*수요일과 금요일 오후 4시*
은행 / 돈을 찾다	체육관 / 태권도를 배우다	매일 오후 3시 반
미용실 / 머리를 자르다	학원 / 러시아 어를 가르치다	화요일과 목요일 오후 5시
도서관 / 책을 빌리다	운동장 / 농구를 하다	월요일 오후

체육관
태권도
자르다
학원

태권도[태 꿘 도]

활동

두 팀을 만들어 한 팀의 학생이 언제 어디에 갔는지 말하면 다른 팀 학생들은 그 사람이 거기에 왜 갔는지 맞혀 봅시다. 돌아가면서 아래와 같이 말해 봅시다.
Dividing the class into two groups, one group of students will say that they had gone somewhere at a particular time. The other group will then guess why they had gone there. Practice this conversation taking turns, guided by the text below.

가 : 저는 토요일 오후 1시에 명동에 갔어요.
나 : 명동에 쇼핑하러 갔어요?
가 : 아니요.
다 : 그럼 명동에 밥을 먹으러 갔어요?
가 : 아니요.
라 : 그럼 친구를 만나러 갔어요?
가 : 아니요.
마 : 그럼 남자 친구를 만나러 갔어요?
가 : 네, 맞아요. 명동에 남자 친구를 만나러 갔어요.

읽기

여러분은 주말 아침에 몇 시에 일어나요? 무엇을 해요?
On weekends, what time do you get up? What do you do?

읽어 봅시다. 18-2
Let's read.

오늘은 토요일입니다. 저는 아침에 늦게 일어났습니다. 10시 20분이었습니다. 오전에 청소를 했습니다. 그리고 요리를 했습니다. 오후 2시에 윤아 씨를 만나러 명동에 갔습니다. 명동에는 옷 가게가 많았습니다. 식당도 많이 있었습니다. 저는 바지를 하나 샀습니다. 윤아 씨는 구두를 샀습니다. 우리는 5시에 바트 씨를 만나러 영화관에 갔습니다. 모두 같이 영화를 봤습니다. 영화가 재미있었습니다. 우리는 9시쯤에 헤어졌습니다.

가. 읽고 이야기해 봅시다.
Let' s read and discuss.

1. 이 사람은 토요일 오전에 무엇을 했어요?
2. 이 사람은 누구와 같이 영화를 봤어요?

나. 윗글을 읽고 맞으면 ○, 틀리면 ×를 하세요.
Read the above text. If the following statement is correct, mark a circle. If it is incorrect, mark an X.

1. 이 사람은 아침에 일찍 일어났습니다. (　　)
2. 이 사람은 명동에서 치마와 구두를 샀습니다. (　　)
3. 명동에는 옷 가게와 식당이 많습니다. (　　)

하나
쯤
헤어지다

다. ______에 주의하면서 듣고 따라해 봅시다. 18-3

Paying careful attention to the underlined part, listen and read along out loud.

1. 아침에 늦게 일어났습니다.
2. 명동에는 옷 가게가 많았습니다.
3. 식당도 많이 있었습니다.
4. 우리는 모두 같이 영화를 봤습니다.

라. 읽은 내용을 대화로 만들어 봅시다.

Practice having a conversation using what you read.

가 : ______________________?

나 : 10시 20분에 일어났어요.

가 : 오전에 뭘 했어요?

나 : ______________________.

가 : 명동에 뭘 하러 갔어요?

나 : ______________________.

가 : 명동에서 무엇을 했어요?

나 : ______________________.

19과 이번 주말에 뭐 할 거예요?

준비 1 부터 ~까지

몇 시부터 몇 시까지 한국어를 공부해요?

오전 9시부터 오후 1시까지 한국어를 공부해요.

연습 1 다음은 압둘라 씨의 하루입니다. 생활 계획표를 보고 아래와 같이 말해 봅시다.
The chart below shows Abdullah' s day. Look at his daily schedule and discuss it, following the example below.

압둘라 씨는 아홉 시부터 한 시까지 한국어를 공부해요.

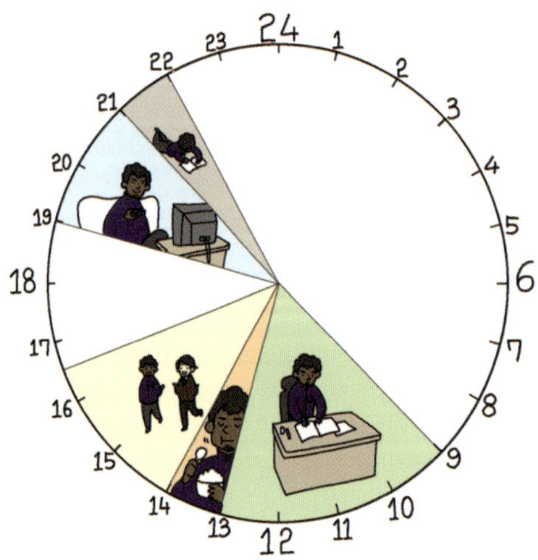

1. 9:00~1:00 한국어를 공부하다
2. 1:00~2:00 점심을 먹다
3. 2:00~4:30 친구를 만나다
4. 7:00~9:00 텔레비전을 보다
5. 9:00~10:00 숙제를 하다

부터 ~까지

Generally attached to nouns denoting time to indicate the starting and ending point of an action or a state.

- 저는 아홉 시부터 한 시까지 한국어를 공부합니다.
- 오늘부터 금요일까지 바빠요.
- 연주회는 7월 8일부터 13일까지입니다.

연습 2 다음과 같이 묻고 대답해 봅시다.
Practice asking and answering questions, following the example below.

> **가** : 도서관은 몇 시부터 몇 시까지 해요?
> **나** : 오전 아홉 시부터 오후 여섯 시까지 해요.

1. 도서관: 오전 9:00~오후 6:00
2. 영화: 오후 2:10~4:15
3. 태권도 연습: 오후 3:30~4:20
4. 은행: 오전 9:00~오후 4:00
5. 마트: 오전 10:00~밤 9:40
6. 백화점: 오전 11:00~밤 8:30

연습 3 나의 생활 계획표를 그려 봅시다. 아래의 대화처럼 친구와 말하고 친구의 생활 계획표도 그려 봅시다.
Draw a chart of your own daily schedule. Guided by the conversation below, discuss your schedule with a partner, and also draw a chart of your partner' s daily schedule.

> **가** : 몇 시부터 몇 시까지 자요?
> **나** : 열 시부터 여섯 시까지 자요.

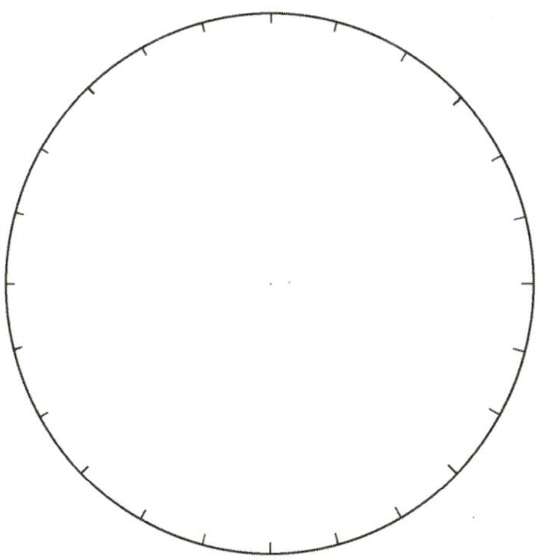

나

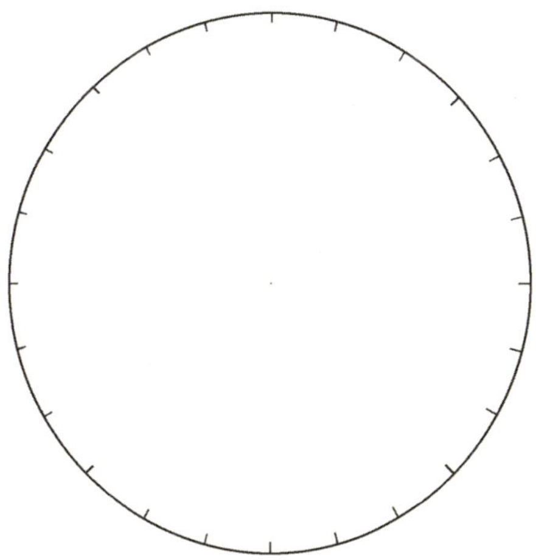

친구

여섯 시[여섯 씨]

준비 2 –(으)ㄹ 거예요

주말에 뭐 할 거예요?

집에서 책을 읽을 거예요.

연습 1 다음과 같이 말해 봅시다.
Let' s speak, following the example below.

내일 영화를 볼 거예요.

1. 영화를 보다 2. 친구를 만나다 3. 콘서트에 가다
4. 사진을 찍다 5. 책을 읽다 6. 김밥을 만들다

–(으)ㄹ 거예요

Attached after a verb or an adjective to indicate the action or the event referring to the future or articulating the speaker' s assumption. If the subject of the sentence is the first or the second person, this ending is directly attached after the stem to indicate the subject' s willingness or a future plan. If the subject is the third person, this ending expresses the speaker' s conjecture. If this ending is attached after an adjective, it expresses the speaker' s assumption. When it is used after a noun, '일 거예요' should be used. If the stem of a verb or an adjective ends with a consonant, '-을 거예요' should be used, but if it ends with a vowel, '-ㄹ 거예요' should be used.

- 이번 방학에는 제주도 여행을 할 거예요.
- 언제 고향에 갈 거예요?
- 내일은 날씨가 좋을 거예요.
- 저분은 아마 우리 학교 선생님일 거예요.
- 오늘 저녁에 한국 음식을 만들 거예요.

콘서트 만들다

할 거예요[할 꺼예요] 읽을 거예요[일글 꺼예요]

연습 2 다음과 같이 묻고 대답해 봅시다.
Practice asking and answering questions, following the example below.

> 가 : 언제 고향에 갈 거예요?
> 나 : 방학에 고향에 갈 거예요.

1. 고향에 가다 / 방학
2. 전화를 하다 / 오늘 저녁
3. 생일 파티를 하다 / 금요일
4. 운동을 하다 / 아침
5. 숙제를 하다 / 밤
6. 사진을 찍다 / 모레

연습 3 다음과 같이 친구에게 계획을 물어봅시다.
Ask a classmate about his or her schedule, following the example below.

> 가 : 오늘 오후에 뭐 할 거예요?
> 나 : 친구를 만날 거예요.
> 가 : 친구와 같이 어디에 갈 거예요?
> 나 : N서울타워에 갈 거예요.
> 가 : 거기에서 무엇을 할 거예요?
> 나 : 서울 경치를 구경할 거예요.

오늘 오후	방학

모레
N서울타워
경치

대화 19-1

지훈	마키 씨, 이번 주말에 뭐 할 거예요?
마키	전시회를 보러 덕수궁 미술관에 갈 거예요.
지훈	마키 씨는 그림을 좋아해요?
마키	네, 아주 좋아해요. 지훈 씨도 좋아해요?
지훈	네. 전시회는 며칠부터 며칠까지예요?
마키	7월 5일부터 8월 20일까지예요. 우리 같이 가요.

확인해 봅시다.
Let's check.

- 마키 씨는 이번 주말에 어디에 갑니까?
- 전시회는 며칠부터 며칠까지입니까?

다음 표를 보고 위와 같이 말해 봅시다.
Using the expressions below, have a conversation, following the above example.

1. **그림 전시회**
   장소 : 덕수궁 미술관
   기간 : 7월 5일 ~ 8월 20일

2. **영화 : 그 남자 그 여자**
   장소 : 국민극장
   시간 : 오후 3:00 ~ 4:40

3. **사진 전시회**
   장소 : 서울미술관
   기간 : 9월 1일 ~ 10월 10일

4. **가야금 연주회**
   장소 : 남산한옥마을
   기간 : 6월 18일 저녁 7:00~8:30

전시회
덕수궁
미술관
장소
기간
시간
사진전
가야금
연주회
남산
한옥마을

좋아해요[조아해요] 덕수궁[덕쑤궁]

활동

이번 주말에 여러분은 무엇을 할 거예요? 우선 계획을 세워 보세요. 그리고 자리에서 일어나 아래와 같이 친구들에게 주말 계획을 물어보고 여러분과 같은 계획을 갖고 있는 친구를 찾으세요.

What are you planning to do this weekend? First, make your own plans. Then stand up and ask your classmates about their plans, following the example below. Find other classmates who have the same kinds of plans as you.

	시간	토요일	일요일
오전	8:00~9:00 ~ ~ ~	운동을 할 거예요.	
오후	12:00~1:00 ~ ~ ~		요리할 거예요.

가 : 토요일 아침에 뭐 할 거예요?
나 : 잘 거예요.
가 : 일요일 오후에는 뭐 할 거예요?
나 : 요리할 거예요.
가 : 저도 일요일 오후에 요리할 거예요.
나 : 그럼 같이 해요.

읽기

- 여러분은 오늘 오후에 무엇을 할 거예요?
  What will you do this afternoon?

- 읽어 봅시다. 19-2
  Let's read.

저는 한 달 전에 한국에 왔어요. 국민대학교에서 한국어를 공부해요. 오전 9시부터 오후 1시까지 공부해요. 한국어 공부가 아주 재미있어요. 오늘 오후에 고향 친구가 저를 만나러 학교에 올 거예요. 그 친구는 부산에서 대학교에 다녀요. 친구하고 같이 학교 근처 한식집에 갈 거예요. 거기에서 불고기를 먹을 거예요. 그리고 학교를 구경할 거예요. 우리 반 친구들도 몇 명 소개할 거예요.

가. 읽고 이야기해 봅시다.
Let' s read and discuss.

1. 이 사람은 언제 한국에 왔어요?
2. 이 사람은 오늘 오후에 누구를 어디에서 만날 거예요?

나. 윗글을 읽고 맞으면 ○, 틀리면 ×를 하세요.
Read the above text. If the following statement is correct, mark a circle. If it is incorrect, mark an X.

1. 이 사람은 오전에 한국어를 공부해요. (   )
2. 고향 친구는 부산에서 한국어를 공부해요. (   )
3. 이 사람은 고향 친구와 같이 반 친구들을 만날 거예요. (   )

달
전에
한식집
불고기

다. ______에 주의하면서 듣고 따라해 봅시다. 19-3

Paying careful attention to the underlined part, listen and read along out loud.

1. 저는 한 달 전에 한국에 왔어요.
2. 오늘 오후에 친구가 저를 만나러 학교에 올 거예요.
3. 친구하고 같이 학교 근처 한식집에 갈 거예요.

라. 읽은 내용을 대화로 만들어 봅시다.

Practice having a conversation using what you read.

윤아 : 마키 씨, 오늘 뭐 할 거예요?

마키 : ______________________.

윤아 : 친구를 어디에서 만날 거예요?

마키 : ______________________.

윤아 : 그래요? ______________________?

마키 : 학교 근처 한식집에 갈 거예요.

불고기를 ______________.

고향 친구가 여러분을 만나러 한국에 와요. 친구와 같이 무엇을 할 거예요? 이야기해 봅시다.

A friend from your hometown is coming to Korea to visit you. What will you do with your friend? Practice a conversation about this.

20과 여자 친구한테 선물을 줬어요?

준비 1 에게/한테

카오루 씨, 누구에게 전화해요?

친구한테 전화해요.

연습 1

다음과 같이 말해 봅시다.
Let' s speak, following the example below.

어머니가 아이에게 과자를 줍니다.

1. 
어머니 / 아이 / 과자를 주다

2. 
선생님 / 학생 / 한국어를 가르치다

3. 
동생 / 고양이 / 우유를 주다

4. 
카오루 씨 / 여자 친구 / 선물을 주다

5. 
윤아 씨 / 친구 / 전화하다

6. 
장핑 씨 / 부모님 / 이메일을 보내다

에게/한테

Attached after nouns denoting humans and animals to indicate that the noun is the recipient of the action. The honorific form of '에게' is '께'. After an inanimate noun, '에' is used. For colloquial style, '한테' is generally used, while '에게' is used for both colloquial and written styles.

- 제가 그 친구에게 책을 줬어요.
- 어머니께 꽃을 드릴 거예요.
- 동생이 강아지에게 밥을 줍니다. 그리고 꽃에 물을 줍니다.
- 선생님께서 사무실에 전화를 하십니다.

주다
보내다

연습 2 다음과 같이 묻고 대답해 봅시다.
Practice asking and answering questions, following the example below.

> **가 :** 여자 친구에게 매일 전화해요?
> **나 :** 네, 여자 친구한테 매일 전화해요.

1. 여자 친구 / 매일 전화하다
2. 친구 / 생일 선물을 주다
3. 선생님 / 자주 질문하다
4. 부모님 / 사진을 보내다
5. 어머니 / 꽃을 드리다
6. 강아지 / 밥을 주다

연습 3 가족들 생일과 친구 생일에 무엇을 선물할 거예요? 친구와 다음과 같이 말해 봅시다.
What kinds of birthday gifts will you get for your family members and friends? Practice discussing this with a partner, following the example below.

> **가 :** 할아버지께 뭘 선물할 거예요?
> **나 :** 할아버지께 양말을 드릴 거예요.

할아버지	할머니	아버지	어머니	형(오빠), 누나(언니)	동생	남자(여자) 친구

향수

장미

액세서리

옷

질문하다
드리다
강아지
향수
액세서리

액세서리[액쎄서리]

준비 2 에게서/한테서

꽃을 누구한테서 받았어요?

남자 친구에게서 받았어요.

연습 1 다음과 같이 말해 봅시다.
Let' s speak, following the example below.

부모님에게서 전화를 자주 받아요.

1. 부모님 / 전화를 자주 받다
2. 어머니 / 편지를 받다
3. 친구 / 돈을 빌리다
4. 고향 친구 / 이메일을 받다
5. 여자 친구 / 선물을 받다
6. 선생님 / 한국어를 배우다

에게서/한테서

Indicates that the preceding noun is the source or starting point of the action. Generally used with verbs like '받다(to receive)', '빌리다(to borrow)', '배우다(to learn)', '얻다(to get)' and '듣다(to listen)'. For colloquial style, '한테서' is often used.

- 저는 선생님에게서 그 얘기를 들었어요.
- 이거 누구한테서 받았어요?
- 이 시계는 우리 할머니한테서 받은 거예요.

자주

꽃을[꼬츨] 받았어요[바닫써요/바다써요]

연습 2 다음과 같이 묻고 대답해 봅시다.
Practice asking and answering questions, following the example below.

> 가 : 누구 한테서 그 이야기를 들었어요?
> 나 : 바트 씨한테서 들었어요.

1. 그 이야기를 듣다 / 바트 씨
2. 용돈을 받다 / 부모님
3. 그 문법을 배우다 / 선생님
4. 돈을 빌리다 / 친구
5. 꽃을 받다 / 남자 친구
6. 전화를 받다 / 언니

연습 3 생일이나 크리스마스 같은 특별한 날에 어떤 선물을 받았어요? 친구와 다음과 같이 말해 봅시다.
What kinds of presents have you received on special days like Christmas and your birthday? Practice discussing this with a partner.

> 가 : 생일에 선물을 받았어요?
> 나 : 네, 장갑을 받았어요.
> 가 : 누구한테서 받았어요?
> 나 : 오빠한테서 받았어요.

	나		친구 1		친구 2	
언제	생일					
무엇을	장갑					
누구한테서	오빠					

듣다
용돈
문법
장갑

문법[문 뻡] 용돈[용똔]

준비 3　-네요

어제 이 옷을 샀어요.

와, 예쁘네요!

연습 1 그림을 보고 다음과 같이 말해 봅시다.
Look at the pictures and talk about them, following the example below.

눈이 많이 오네요!

1. 눈이 많이 오다

2. 지하철이 복잡하다

3. 가족이 많다

4. 키가 크다

5. 가방이 비싸다

6. 많이 먹다

-네요

This sentence ending is used for expressing exclamation about the fact that the speaker has just realized or has just understood something. It can be attached after suffix '-았/었/였-' or '-겠-'.

- 아이가 참 예쁘네요.
- 비가 많이 오네요.
- 오늘 아주 덥네요.
- 유학 생활이 힘들겠네요.
- 결혼식에 사람들이 많이 왔네요. 참 좋았겠네요.

눈
지하철
복잡하다

복잡하다[복짜파다]

연습 2 다음과 같이 말해 봅시다.
Let's speak, following the example below.

1. 가 : 우리 집은 가족이 10명이에요.
   나 : 가족이 많네요!

2. 가 : 저는 날마다 5시간 공부해요.
   나 : ____________________!

3. 가 : 제 친구는 키가 190cm예요.
   나 : ____________________!

4. 가 : 저는 저녁 7시부터 아침 8시까지 자요.
   나 : ____________________!

5. 가 : 이 선글라스는 만 원이에요.
   나 : ____________________!

6. 가 : 우리 집은 학교 앞에 있어요.
   나 : ____________________!

날마다
선글라스

많네요[만네요]

대화 20-1

이리나 카오루 씨, 어제 뭐 했어요?

카오루 여자 친구 생일 파티에 갔어요.

이리나 재미있었어요?

카오루 네, 아주 재미있었어요. 여기 사진이 있어요.

이리나 와, 사람들이 많네요. 여자 친구한테 선물을 줬어요?

카오루 네, 향수를 줬어요.

- 확인해 봅시다.
  Let's check.
  - 이리나 씨는 지금 무엇을 봅니까?
  - 카오루 씨는 여자 친구에게 무엇을 줬습니까?

- 다음 표현을 사용해서 위와 같이 말해 봅시다.
  Using the expressions below, have a conversation, following the above example.

여자 친구 생일파티	*사람들이 많다*	*향수*
친구 집	집이 크다	과일
친구 졸업식	친구가 예쁘다	화장품
콘서트	가수가 멋있다	꽃

졸업식
화장품

활동

3~4명씩 팀을 만들고 각자 아래의 선물 사진 중에서 하나를 골라 주고 싶은 친구에게 주세요.
Working in groups of 3-4, each student should select one present from the photographs shown below to give to another student in the group.

친구와 선물을 주고받으며 아래와 같이 말해 봅시다.
As you exchange gifts, have a conversation like the one shown below.

마키 : 저는 바트 씨에게 향수를 줄 거예요.
바트 : 와, 향수가 아주 좋네요. 감사합니다.

모두 선물을 주고받은 후에 어떤 친구가 누구한테서 무엇을 받았는지 함께 말해 봅시다.
After everyone has exchanged gifts, have a conversation about who had given whom which gift.

바트 씨는 마키 씨한테서 향수를 받았어요.

듣기

여러분은 부산에 가 본 적이 있어요? 부산이 어디에 있는지 무엇으로 유명한지 말해 봅시다.
Have you ever been to Busan? Have a conversation about where Busan is located and what the city is famous for.

들어 봅시다. 20-2
Let's listen.

가. 듣고 이야기해 봅시다.
Let' s listen and discuss.

1. 지훈 씨 고향이 어디예요?
2. 이리나 씨는 부산에 언제 갈 거예요?

나. 다시 한번 듣고 맞으면 O, 틀리면 X를 하세요.
Let' s listen to the recording one more time. If the following statement is correct, mark a circle. If it is incorrect, mark an X.

1. 지훈 씨는 이리나 씨를 만나러 부산에 갈 거예요. (　　　)
2. 이리나 씨 친구는 고향에서 대학교에 다녀요. (　　　)
3. 이리나 씨는 부산에 5일 있을 거예요. (　　　)

다. 듣고 써 봅시다. 20-3
Listen and write down the sentences you hear.

1. 고향에서 __________ 영어를 ____________________.
2. 제 고향 ______________ 부산 이야기를 ____________________.
3. 이리나 씨는 ______________________________?

여러분 고향은 무엇이 유명해요? 같이 말해 봅시다.
What is your hometown famous for? Let' s have a conversation about this.

해운대
참
유명하다

memo

21과 뭐 하고 있어요?

준비 1 만

가족이 모두 한국에 있어요?

아니요, 저만 한국에 있어요.

연습 1 다음과 같이 말해 봅시다.
Let' s speak, following the example below.

선생님만 한국 사람이에요.

1. 선생님 / 한국 사람이다
2. 제임스 씨 / 회사원이다
3. 부모님 / 고향에 계시다
4. 저 / 기숙사에 살다
5. 남자(여자) 친구 / 사랑하다
6. 5분 / 기다리다

만

Expresses the sole focus on and inclusion of the preceding word, to the exclusion of all other things. It can be attached to a noun or other particles.

- 저는 아침에 커피 한 잔만 마셔요.
- 고향에는 어머니만 계십니다.
- 월요일에만 태권도를 배워요.

사랑하다

연습 2 다음과 같이 묻고 대답해 봅시다.
Practice asking and answering questions, following the example below.

> 가 : 가족들이 모두 고향에 있어요?
> 나 : 아니요, 부모님만 고향에 계세요.

1. 가족들이 모두 고향에 있어요? (부모님)
2. 커피에 우유를 넣어요? (설탕)
3. 학생 식당은 매일 문을 열어요? (월요일부터 금요일까지)
4. 학교에서 영어도 배워요? (한국어)
5. 아침에 밥을 먹어요? (우유)

연습 3 자리에서 일어나 친구들과 얘기해 봅시다. 그리고 발표해 봅시다.
Stand up from your seats to discuss this with your classmates. Then, we will present this to the class.

	커피를 마셔요?	남자/여자 친구가 있어요?	매일 운동을 해요?	김치를 좋아해요?	집이 학교에서 멀어요?
이리나	○				
친구 1	×				
친구 2	×				
친구 3	×				

이리나 씨만 커피를 마셔요.

설탕
넣다
여러 가지
멀다

준비 2 -고 있다

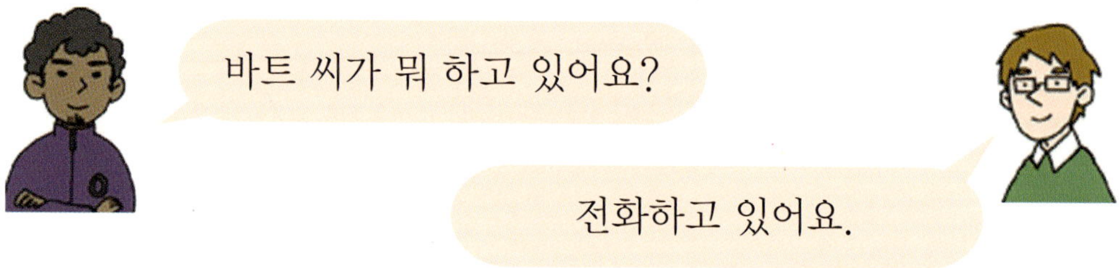

연습 1 다음과 같이 말해 봅시다.
Let' s speak, following the example below.

지금 공부하고 있어요.

1. 공부하다
2. 쉬다
3. 텔레비전을 보다
4. 음악을 듣다
5. 친구와 놀다
6. 저녁을 먹다

-고 있다

Attached after a verb to indicate that an action is ongoing or continuing. The honorific form is '-고 계시다'.

- 동생은 책을 읽고 있어요.
- 어머니께서는 일을 하고 계십니다.
- 학생들이 열심히 공부하고 있습니다.

연습 2 그림을 보고 다음과 같이 묻고 대답해 봅시다.
Look at the picture and talk about it, following the example below.

> 가 : 장핑 씨가 뭐 하고 있어요?
> 나 : 노래를 부르고 있어요.

1. 장핑 : 노래를 부르다
2. 투이 : 이야기를 하다
3. 지훈 : 음료수를 마시다
4. 마키 : 케이크를 먹다
5. 압둘라 : 선물을 주다
6. 카오루 : 창문을 열다

음료수
열다

음료수[음뇨수]

연습 3 한 사람은 그림 A를 보고 다른 사람은 B를 보고 말해 봅시다. 그림에서 다른 곳을 찾아 V 표를 해 봅시다.
One student should look at Illustration A and another student should look at Illustration B to have a conversation about them. Look for differences between the pictures and mark that with V mark.

A

B

가 : 지훈 씨가 신문을 보고 있어요?
나 : 네, 신문을 보고 있어요.
가 : 투이 씨는 사진을 찍고 있어요?
나 : 아니요, 운동을 하고 있어요.

그리다

대화

21-1

압둘라	제프리 씨, 뭐 하고 있어요?
제프리	숙제하고 있어요.
압둘라	바트 씨는 뭐 해요?
제프리	운동하러 체육관에 갔어요. 그래서 저만 있어요.
압둘라	그럼 바트 씨한테 이 책 좀 주시겠어요?
제프리	네, 알겠어요.

확인해 봅시다.
Let's check.

- 제프리 씨는 무엇을 하고 있습니까?
- 바트 씨가 기숙사 방에 있습니까?

다음 표현을 사용해서 위와 같이 대화를 만들어 봅시다.
Using the expressions below, have a conversation, following the above example.

숙제하다	*운동하다 / 체육관*	*책*
책을 읽다	옷을 사다 / 명동	사전
청소하다	책을 빌리다 / 도서관	가방
노래를 듣다	라면을 사다 / 편의점	우산

읽기

- 한국에서 여행해 본 적이 있어요? 지도에서 남이섬을 찾아보세요.
  Have you ever traveled in Korea? Locate Namiseom in the map.

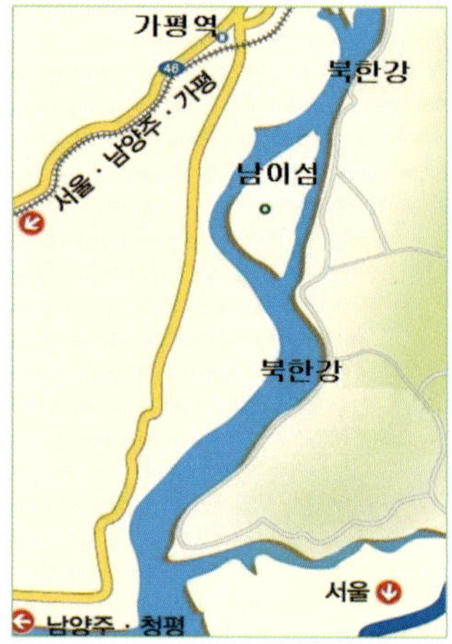

- 읽어 봅시다. 21-2
  Let' s read.

뚜언 씨에게

뚜언 씨, 잘 지내고 있어요?
오늘 저는 친구들과 함께 남이섬에 왔어요.
남이섬은 서울 근처 북한강에 있어요.
오늘 눈을 처음 봤어요.
친구들과 함께 눈사람도 만들었어요.
아주 재미있었어요.
저는 지금 남이섬 카페에서 이 편지를 쓰고 있어요.
창문 밖에는 눈이 계속 오고 있어요.
친구들은 여기저기 사진을 찍고 있어요.
저만 여기에서 고향을 생각하고 있어요.
사랑해요.

한국 남이섬에서
투이가

남이섬
북한강
처음
함께
눈사람
카페
편지
계속
여기저기
생각하다

가. 읽고 이야기해 봅시다.
Let's read and discuss.

1. 투이 씨는 지금 무엇을 하고 있어요?
2. 투이 씨 친구들은 지금 무엇을 하고 있어요?

나. 읽은 내용을 읽고 맞으면 O, 틀리면 X를 하세요.
Read the above text. If the following statement is correct, mark a circle. If it is incorrect, mark an X.

1. 투이 씨는 뚜언 씨와 같이 남이섬에 왔습니다. (   )
2. 투이 씨 고향에는 눈이 오지 않습니다. (   )
3. 투이 씨는 뚜언 씨에게서 편지를 받았습니다. (   )
4. 투이 씨는 눈을 자주 봤습니다. (   )

다. ______에 주의하면서 듣고 따라해 봅시다. 21-3
Paying careful attention to the underlined part, listen and read along out loud.

1. 오늘 눈을 처음 봤어요.
2. 창문 밖에는 눈이 계속 오고 있어요.
3. 저만 여기에서 고향을 생각하고 있어요.

라. 읽은 내용을 전화 대화로 만들어 봅시다.
Practice having a conversation on line using what you read.

가 : 투이 씨, 지금 어디에 있어요?
나 : ______________________________.
가 : 무엇을 하고 있어요?
나 : ______________________________.
가 : 누구한테 편지를 쓰고 있어요?
나 : ______________________________.
가 : 오늘 남이섬에서 무엇을 했어요?
나 : ______________________________.

여러분의 한국 생활은 어떻습니까? 고향의 부모님이나 친구에게 편지를 써 봅시다.
How is your life in Korea? Write a letter about this to your parents or a friend living in your hometown.

활동

친구의 동작을 보고 말해 봅시다.
Watch how a friend moves and talk about it.

김밥을 먹고 있어요.

공원에서 김밥을 먹고 있어요.

공원에서 친구하고 같이 김밥을 먹고 있어요.

방법 1

(1) 학생 한 명이 앞으로 나온다.
(2) 선생님이 주시는 카드를 보고 그 문장을 동작으로 표현한다.
(3) 다른 학생들은 그 동작을 보고 문장을 말한다.

방법 2

(1) 두 팀으로 나눈다.
(2) 두 팀에서 앞으로 나와 동작을 보여 줄 학생을 정한다.
(3) 각 팀에서는 상대팀 대표 학생이 동작으로 표현해야 할 문장을 함께 만든다.
(4) 다른 팀이 보여 주는 문장을 대표 학생이 보고 동작으로 표현하면 같은 팀 학생들이 맞힌다.

문화 Culture

한국 공공 기관의 업무 시간과 밤의 쇼핑 장소
Business hours of the public institutions in Korea and places for shopping at night in Seoul

In Korea, work hours at public institutions generally begin at 9 a.m. This applies to schools, hospitals, banks, city halls, libraries, and most government offices. Because of this, morning rush hour is very busy with congested street traffic and crowded subways. Places for shopping, such as department stores and larger markets, usually open after 10 a.m. The work day for government offices usually ends at 6pm, but banks in Korea close at 4 p.m. If you have business to take care of at the bank, you should hurry and plan accordingly. In Korean cities such as Seoul, nights are as bustling as it is during the day. Convenience stores are open 24 hours and markets like Dongdaemun and Namdaemun are open for shopping all night long. At Hongdae, a popular spot for young people, you can enjoy food and nightlife until dawn. Many foreigners are attracted to Korea' s lively night scene.

● 해 봅시다.
Let' s practice.

- 여러분 나라에서 공공 기관은 몇 시에 문을 열고 닫습니까? 말해 봅시다.
  In the countries which your friends are from, what time do government offices open and close? Practice asking this to your friends.
- 옆 친구와 같이 밤에 서울에서 재미있게 놀 계획을 세워 봅시다.
  Plan a night out in Seoul with your friend.

부록 Appendices

KOOKMIN KOREAN1

듣기 대본 및 듣기/읽기 해답 Listening Script and Answers

번역 Translation

어휘 색인 Vocabulary Glossary

1과 한글 (1)

모음 (1)

3. 1) ② 2) ① 3) ① 4) ② 5) ②

자음 (1)

3. 1) ② 2) ① 3) ① 4) ② 5) ① 6) ② 7) ② 8) ①
4. 1) 거미 2) 시소 3) 구이 4) 이마 5) 누구

활동

1. 아, 우, 시, 미, 소, 무, 니, 너, 가, 고, 기
2. 아이 거기 나무 나이 구이 아우 너나 누가 누나 가구 너무

아이	누구	가구	시소
누나	아기	나무	미소
너나	사이	너무	거기
구이	나이	아우	고기
고이	사모	누가	오이

2과 한글 (2)

모음 (1)

3. 1) ① 2) ② 3) ① 4) ② 5) ① 6) ①
4. 1) 교사 2) 유도 3) 여우 4) 야구

자음 (2)

3. 1) ① 2) ② 3) ② 4) ① 5) ① 6) ② 7) ② 8) ①
4. 1) 지구 2) 오리 3) 하마 4) 도로 5) 바지

자음 (3)

3. 1) ② 2) ① 3) ② 4) ② 5) ① 6) ① 7) ① 8) ②
4. 1) 타조 2) 치마 3) 커피 4) 키

활동

1. 호두 겨우 다리 바지 여자 마루 보라 커피 부자 요리 터키 지하 후추 카드
2. 두루 → 포도 → 머리 → 주스 → 벼 → 차도 → 피리 → 고기

3과 한글(3)

모음 (3)

3. 1) ① 2) ① 3) ② 4) ② 5) ② 6) ① 7) ① 8) ① 9) ② 10) ①
4. 회, 돼지, 샤워, 가위, 시계, 과자, 의자

활동

- 개미 → 채소 → 애기 → 쇠고기 → 웨이터 → 회 → 쥐 → 사과→ 아래 → 가게 → 개미

개나리	개미	새우	노래	아래
배우	채소	가게	제	베개
애기	시계	과자	사과	배
샤워	쇠고기	회	귀	새
돼지	웨이터	의자	의미	쥐

받침(1)

3. 1) ② 2) ① 3) ① 4) ② 5) ① 6) ② 7) ② 8) ① 9) ② 10) ①
4. 1) 밥 2) 방 3) 벽 4) 별 5) 돈 6) 산

활동

1) 수박 2) 밤 3) 귤 4) 참외 5) 김치 6) 레몬 7) 사과 8) 콩

4과 한글 (4), 한국어의 기본 문장 구조

자음(4)

3. 1) ② 2) ② 3) ② 4) ① 5) ① 6) ② 7) ② 8) ②
4. 1) 까치 2) 꼬리 3) 딸 4) 뿔 5) 찌다 6) 씨

5과 읽기

가. 1. 장핑입니다. 2. 중국 사람입니다.
나. 1. × 2. ○

6과 읽기

가. 1. 운동선수입니다. 2. 마키 씨가 일본 사람입니다.
나. 1. ○ 2. ○ 3. ×

7과 읽기

가. 1. 학생이에요. 2. 미국 사람이에요.
나. 1. ○ 2. ×

8과 듣기

우리 학교예요.
1층에 커피숍, 가게, 서점이 있어요.
2층에는 교실이 있어요. 교실에 학생들이 있어요.
선생님은 없어요. 선생님은 사무실에 있어요.
사무실은 3층에 있어요.
4층에 컴퓨터실이 있어요.
5층에는 휴게실이 있어요.
휴게실에 학생이 많이 있어요.

가. 1. ②
2.

나. 1. × 2. ○ 3. ○
다. 1. 2층에 2. 학생들이 3. 선생님은

9과 읽기

가. 1. 우리는 매일 학생회관에 가요. 2. 빵집, 서점, 우체국이 있어요.
나. 1. ○ 2. × 3. ×

10과 읽기

가. 1. 천 원이에요. 2. 천삼백 원이에요. 3. 만 육천칠백 원이에요.
나. 1. ○ 2. ○ 3. ×

11과 읽기

가. (1) 4 (2) 1 (3) 2 (4) 5 (5) 3 (6) 6
나. 1. ○ 2. × 3. ○

12과 듣기

마키 안녕하세요, 윤아 씨?
윤아 아, 안녕하세요. 마키 씨.
마키 오늘 약속 있어요?
윤아 네, 친구 집에서 생일 파티를 해요. 마키 씨는 오늘 뭐 해요? 아르바이트를 해요?
마키 아니요, 오늘은 아르바이트를 안 해요. 기숙사에서 쉬어요.

가. 1. 윤아 씨는 오늘 친구 집에 가요.
2. 아니요, 기숙사에서 쉬어요.
나. 1. ○ 2. × 3. ○
다. 1. 오늘 약속이 있어요?
2. 친구 집에서 생일 파티를 해요
3. 오늘은 아르바이트를 안 해요.

13과 읽기

가. 1. 친구를 만나요. 2. 인사동에 가요.
3. 된장찌개를 먹어요. 그리고 한국 차를 마셔요.
나. 1. ○ 2. ×

14과 읽기

가.

	무엇을 해요?	무엇을 하지 않아요?
이지훈	서점에서 아르바이트를 해요. 집에서 책을 읽어요. 텔레비전도 봐요.	학교에 가지 않아요. 밤에 친구를 만나지 않아요.
투이	한국에서 한국어를 공부해요. 여러 나라 친구들과 같이 공부해요. 커피숍에서 친구들과 같이 커피도 마셔요.	교실에서 베트남 말을 하지 않아요.

나. 1. ○ 2. ○ 3. × 4. ×

15과 읽기

가. 1. 아버지 2. 할머니 3. 어머니 4. 남동생 5. 나
나. 1. 경찰관이에요. 2. 중국어를 가르치세요.
3. 요리를 잘하세요.

16과 듣기

제프리 안녕하십니까? 간토야 씨.
간토야 안녕하십니까?
제프리 간토야 씨, 제 친구를 소개하겠습니다. 이분은 투이 씨입니다.
투이 안녕하십니까? 저는 투이입니다.
간토야 안녕하십니까? 반갑습니다.
투이 저는 베트남 사람입니다.
간토야 저는 몽골 사람입니다.
제프리 무엇을 드시겠습니까?
투이 저는 커피를 마시겠습니다.
간토야 저는 주스를 마시겠습니다.

가. 1. 투이 씨하고 간토야 씨를 만납니다.
2. 몽골 사람입니다.
3. 커피를 마십니다.
나. 1. ○ 2. × 3. ×
다. 1. 제 친구를 소개하겠습니다.
2. 안녕하십니까? 반갑습니다.
3. 무엇을 드시겠습니까?

17과 읽기

가. 1. 장인하 교수님이 (이메일을) 받습니다.
2. 영어를 공부했습니다. 3. 러시아 사람입니다.
나. 1. ○ 2. ×

18과 읽기

가. 1. 청소를 했어요. 그리고 요리를 했습니다.
2. 윤아 씨와 바트 씨와 같이 영화를 봤어요.
나. 1. × 2. × 3. ○

19과 읽기

가. 1. 한 달 전에 한국에 왔어요.
2. 고향 친구를 학교에서 만날 거예요.
나. 1. ○ 2. × 3. ○

20과 듣기

이리나 지훈 씨는 방학에 뭘 할 거예요?
지훈 고향에서 아이들에게 영어를 가르칠 거예요.
이리나 고향이 어디예요? 서울이 아니에요?
지훈 네, 부산이에요.
이리나 아, 부산요? 제 고향 친구한테서 부산 이야기를 많이 들었어요. 친구가 부산에서 대학교에 다녀요.
지훈 그래요?
이리나 친구를 만나러 부산에도 갈 거예요.
지훈 언제 부산에 올 거예요?
이리나 부산에는 7월 25일에 갈 거예요.
7월 25일부터 7월 29일까지 있을 거예요.
지훈 그럼 그때 저한테 전화해요.
같이 해운대에 수영하러 가요.
이리나 네. 지훈 씨 참 친절하네요. 꼭 전화하겠어요.

가. 1. 부산이에요. 2. 7월 25일에 갈 거예요
나. 1. × 2. × 3. ○
다. 1. 아이들에게, 가르칠 거예요.
2. 친구한테서, 많이 들었어요.
3. 방학에 뭘 할 거예요?

21과 읽기

가. 1. 편지를 쓰고 있어요. 2. 여기저기 사진을 찍고 있어요.
나. 1. × 2. ○ 3. × 4. ×

번역 Translation

Lesson 5

Irina	Hello! I'm Irina.
Zhang Ping	Hello! I'm Zhang Ping.
Irina	Zhang Ping, what's your nationality?
Zhang Ping	I am Chinese. Are you American, Irina?
Irina	No. I'm Russian.

Lesson 6

Alexei	What is that?
Kaoru	It's a wallet.
Alexei	Whose wallet is it?
Kaoru:	It's Maki's.

Lesson 7

Abdullah	Is that a book?
Thuy	No, it's a dictionary.
Abdullah	Is it your dictionary, Thuy?
Thuy	No, it's not mine. It belongs to my friend.

Lesson 8

Bat	Where is Gantuya?
Thuy	She's at the office of the Korean education center.
Bat	Where is the office of the Korean education center?
Thuy	It's on the second floor. It's in room 203.

Lesson 9

Jeffrey	Where are you going, Maki?
Maki	I'm going to the library.
Jeffrey	Where is the library?
Maki	It's next to the student center.

Lesson 10

Irina	How much is a piece of bread?
Shop owner	It's 700 won.
Irina	How much is the juice?
Shop owner	It's 1,200 won.
Irina	Give me three pieces of bread and one bottle of juice, please.
Shop owner	Okay. It's a total of 3,300 won.

Lesson 11

Wang Ziyi	Where are you now, Bat?
Bat	I'm at home.
Wang Ziyi	What are you doing?
Bat	I'm watching TV. What are you doing, Wang Ziyi?
Wang Ziyi	I'm doing homework.

Lesson 12

Gantuya	Are you going home, Maki?
Maki	No. I'm not going home. I am going to a coffee shop.
Gantuya	Well, what are you doing at the coffee shop?
Maki	I have a part-time job there.

Lesson 13

Gantuya	Alexei, when are you going to the market?
Alexei	I'm going on Saturday.
Gantuya	What are you going to buy at the market?
Alexei	I will buy some fruits and some meat.

Lesson 14

Irina	Thuy, who do you live with in your dorm?
Thuy	I live with a friend from my hometown.
Irina	Do any of your Korean friends live with you, too?
Thuy	No. I don't live with any of my Korean friends.
Irina	Is your friend from your hometown learning Korean, too?
Thuy	No. She is not learning Korean.
Irina	Is your friend nice, Irina?
Thuy	She is nice.

Lesson 15

Jeffrey	Who is this person?
Yuna	It's my father. He is handsome. Well, then, is this your younger sister?
Jeffrey	Yes. She is my younger sister.
Yuna	Is she a student?
Jeffrey	She is studying English and Japanese.

Lesson 16

Jeffrey	Hello!
Gantuya	Yes. Hello! This is Wang Ziyi.
Wang Ziyi	Hello!
Jeffrey	Yes. Hello! Nice to meet you.
Gantuya	What would you like to drink?
Jeffrey	I will have coffee.
Wang Ziyi	I will have juice.

Lesson 17

Alexei	Maki, where are you from?
Maki	I am from Tokyo, Japan.
Alexei	What did you do in your hometown?
Maki	I worked in an office.
Alexei	How was working in an office?
Maki	It was very busy.

Lesson 18

Alexei	Where are you going, Thuy?
Thuy	I'm going to the bookstore to buy books. What about you, Alexei?
Alexei	I am going to the gym to work out.
Thuy	Really? When do you usually go to the gym?
Alexei	Wednesdays and Fridays, at 4 p.m.

Lesson 19

Jihoon	Maki, what are you going to do this weekend?
Maki	I am going to the art museum at Deoksugung to see an exhibit.
Jihoon	Maki, do you like art?
Maki	Yes. I really enjoy it. Ji Hoon, do you like art, too?
Jihoon	Yes. What are the opening and closing dates of the exhibition?
Maki	It's from July 5th until August 20th. Let's go together.

Lesson 20

Irina	What did you do yesterday, Kaoru?
Kaoru	I went to my girl friend's birthday party.
Irina	Was it fun?
Kaoru	Yes, it was a lot of fun. Here are some pictures.
Irina:	Wow, there are so many people. Did you give your girl friend a present?
Kaoru	Yes, I gave her perfume.

Lesson 21

Abdullah	Jeffrey, what are you doing?
Jeffrey	I'm doing homework.
Abdullah	What about Bat?
Jeffrey	He went to the gym to work out. So, I am here alone.
Abdullah	Then, can you give this book to Bat?
Jeffrey	Yes, of course.

对话

第5课

伊梨娜：你好！我叫伊梨娜。
张平：你好！我叫张平。
伊梨娜：张平，你是哪国人？
张平：我是中国人。伊梨娜，你是美国人吗？
伊梨娜：不是，我是俄罗斯人

第6课

亚力塞：那是什么？
卡敖路：那是钱包。
亚力塞：谁的钱包？
卡敖路：是马奇的钱包。

第7课

亚图拉：那是书吗？
图依：不是，是词典。
亚图拉：是(图依)你的词典吗？
图依：不，不是我的。是我朋友的词典。

第8课

巴特：甘涛涯在哪儿？
图依：他在韩国语教育中心办公室。
巴特：韩国语教育中心办公室在几楼？
图依：在二楼。203号。

第9课

杰弗利：马奇，你去哪儿？
马奇：我去图书馆。
杰弗利：图书馆在哪儿？
马奇：在学生会馆旁边。

第10课

伊梨娜：一个面包多少钱？
阿姨：七百韩元。
伊梨娜：饮料怎么卖？
阿姨：一千二百韩元。
伊梨娜：请给我三个面包，一瓶饮料。
阿　姨：好的，一共三千三百韩元。

第11课

王紫怡：巴特，你在哪儿？
巴特：我在家。
王紫怡：你在做什么呢？
巴特：我正在看电视呢。
王紫怡，你在做什么呢？
王紫怡：我在写作业呢。

第12课

甘涛涯：马奇，回家啊？
马奇：不，不回家。我去咖啡厅。
甘涛涯：你去咖啡厅干什么？
马奇：我在咖啡厅打工。

第13课

甘涛涯：亚力塞，你什么时候去市场？
亚力塞：星期六。
甘涛涯：你去市场买什么？
亚力塞：我去买水果和肉。

第14课

伊梨娜：图依，(宿舍里)你跟谁一起住？
图依：我跟我的同乡一起住。
伊梨娜：也跟韩国朋友一起住吗？
图依：不，韩国朋友不跟我们一起住。
伊梨娜：你的同乡也学习韩国语吗？
图依：不，他不学习韩国语。
伊梨娜：他待人亲切吗？
图依：亲切热情。

第15课

润雅：这位是谁？
杰弗利：这是我爸爸。
润雅：你爸爸很帅。那这是你妹妹吗？
杰弗利：是，这是我妹妹。
润雅：你妹妹是学生吗？
杰弗利：她学习英语和日语。

第16课

杰弗利 : 你好!
甘涛涯 : 你好! 这位是王紫怡。
王紫怡 : 你好!
杰弗利 : 哦, 你好! 很高兴认识你。
甘涛涯 : 你们要喝点什么?
杰弗利 : 我来一杯咖啡。
王紫怡 : 我来一杯饮料。

第17课

亚力塞 : 马奇, 你是从哪儿来的?
马奇 : 我是从日本东京来的。
亚力塞 : 你在家乡时做什么?
马奇 : 我原来在公司工作。
亚力塞 : 公司生活怎么样?
马奇 : 非常忙。

第18课

亚力塞 : 图依, 你去哪儿?
图依 : 我去书店买书。你呢?
亚力塞 : 我去体育馆锻炼锻炼。
图依 : 是吗? 你什么时候去健身?
亚力塞 : 周三和周五的下午四点。

第19课

智薰 : 马奇, 这个周末你要做什么?
马奇 : 我要去德寿宫美术馆看个画展。
智薰 : 你喜欢美术吗?
马奇 : 我很喜欢美术。你也喜欢吗?
智薰 : 是的。展览会从几号到几号?
马奇 : 7月5号到8月20号。我们一起去吧。

第20课

伊梨娜 : 卡敖路, 昨天做什么了?
卡敖路 : 昨天我去参加了女朋友的生日聚会。
伊梨娜 : 有意思吗?
卡敖路 : 很有意思, 这是昨天的照片。
伊梨娜 : 哇, 人挺多的。给女朋友买礼物了吗?
卡敖路 : 买了, 我送了一瓶香水。

第21课

亚图拉 : 杰弗利, 你在做什么?
杰弗利 : 我在写作业呢。
亚图拉 : 巴特干什么去了?
杰弗利 : 他到体育馆健身去了。
所以只有我一个人在。
亚图拉 : 那麻烦你把这本书转给巴特, 好吗?
杰弗利 : 好的。没问题。

文法

第5课

■ 입니까?/입니다：用于名词后面，表示主语所指对象的属性、状态及分类，适用于正式场合。叙述句中用‘입니다’，疑问句中用‘입니까?’。

■ 은/는：用于名词后面，表示该名词为文章的主题。当名词以辅音结尾，用‘은’；名词以元音结尾，则用‘는’。

第6课

■ 이/가：用于名词后面，表示动作的主体或者状态的主体。名词以元音结尾，用‘가’；名词以辅音结尾，则用‘이’。代词与主格助词‘이/가’结合时，有的代词发生形态变化。

- 누구+ 가 = 누가
- 나(第一人称 单数)+가 = 내가
- 너(第二人称 单数)+가 = 네가
- 저(第一人称 单数 / 谦让 表达方法)+가 = 제가

■ 이, 그, 저：‘이, 그, 저’都位于名词前，起修饰名词的作用。所指事物离说话人距离近时，用‘이’；所指事物离听话人距离近时，用‘그’；所指事物离说话人与听话人的距离都远，用‘저’。

第7课

■ 이에요/예요：位于名词后，表示主语所指对象的属性、状态、分类。‘이에요/예요’与‘입니다’不同，用在非正式场合。名词的最后一个音节是收音时，用‘이에요’；最后一个音节不是收音时，则用‘예요’。

■ 이/가 아니에요：这是‘이에요/예요’的否定用法。用‘이/가 아니에요’时，要注意分写法。‘이/가’写在名词后面，要与名词合写；‘이/가’与‘아니에요’必须要分写。

第8课

■ 에 있다/없다：‘에’位于处所名词后面，与‘있다’，‘없다’一起使用，表示其处所为有人存在或有事物存在的场所。‘에 있다’表示某一处所存在着人或事物，‘에 없다’则表示不存在。

第9课

■ 에 가다：如果位于处所名词后的‘에’同表示移动的动词(가다, 오다 等)一并使用，则表示移动的目的地或者方向。

第10课

■ 固有词 数字：‘한, 두, 세, 네’位于一些表示单位的名词前面，指一到四的数量。

■ 에[1]：数人或动物、事物、以及标价的时候位于单位名词后，表示此名词为标准单位。

第11课

■ -아/어/여요：这是结束一个句子的词尾，表示陈述某一事实，也表示疑问、命令、请求，用于非正式场合。动词或形容词的词干尾音的元音为‘ㅏ, ㅗ’音时，写成‘-아요’；词干尾音为其他元音时，写成‘-어요’；‘-하다’类的动词和形容词与‘-여요’结合而成为‘하여요’，但一般写成‘해요’形态；‘으’类的动词和形容词像‘쓰 + 어요 → 써요’一样，元音‘으’脱落。

■ 을/를：位于名词后，表示其名词为主体的行为所涉及到的宾语。名词的最后一个音节以辅音结尾，用‘을’，以元音结尾用‘를’。

第12课

■ 안：位于动词和形容词的前面，表示否定或反对的意思，一般多用于口语。把‘을/를 + 하다’类的动词改写为否定句时，应写成‘을/를 안 해요’，不能写为‘안 + 을/를 + 해요’。

■ 에서：位于名词后，表示此名词为动作行为进行并完成的处所。

第13课

■ 에[2]：位于表示时间的词语后面，表示发生某一动作，行为或状态的时间或时候。不能用在‘내일, 오늘, 어제, 그저께, 모레, 지금’等状语后面。

■ 하고：这是一个用于口语的助词，连接两个以上的人或事物，使其拥有并列关系。

第14课

■ 形容词：表示事物的性质或状态。韩国语形容词的特点是在基本形态的基础上，有多种灵活应用的形态。

■ -지 않다：与动词和形容词的词干结合使用，表示否定或反对的意思。一般用于书面语。(简单的否定用法请参考78页的‘안’否定句)

■ 도：用于名词或状语等成分的后面，表示某种状况或某个对象的添加。不能与主格助词‘이/가’，目的格助词‘을/를’等结合使用。

第15课

■ 와/과：用于并列连接两个以上的名词。以辅音结尾的名词后面，用‘과’，以元音结尾的名词后面，用‘와’。(口语经常使用的‘하고’用法请参考 p. 97)

■ -(으)시-：在动词、形容词、‘名词+이다’的词干后面加上表尊称的词尾‘-(으)시-’，可对文章的主体表示尊重。以元音结尾的名词后面，用‘세요’，以辅音结尾的名词后面，用‘이세요’。以元音结尾的动词和形容词的词干后面，用‘-세요’；动词和形

容词的词干以辅音结尾时，则用 ‘-으세요’。‘하다’ 类的动词和形容词的词干后面用 ‘-세요’。也可以换用另外一个词语来表示尊敬。

第16课

■ -(스)ㅂ니다： 用于具有 ‘ㄹ’ 收音以外其他收音的动词和形容词的词干或者词尾 ‘-았/었/였-’，‘-겠-’ 的后面，表示正在进行的动作或状态。用在会议进行、新闻报道等正式场合。 以元音结尾的动词和形容词词干后面，用 ‘-ㅂ니다’；以辅音结尾的动词和形容词词干后面，则用 ‘-습니다’。

■ -겠-[1]： 用于动词词干后面，表示动作主体的意愿。动作主体为第三人称时，则不能使用(表示揣测的 ‘-겠-’ 用法，请参考第26课)。

第17课

■ -았/었/였-： 用于动词和形容词的词干后面， 表示过去时态，而这一时态应表示说话时已经发生的动作或状态。当动词和形容词词干最后一个音节的元音为 ‘ㅏ, ㅗ’ 音时，用 ‘-았-’；词干的最后一个音节为其他元音时，用 ‘-었-’ ； ‘-하다’ 类的动词和形容词与 ‘-였-’ 结合而成为 ‘하였-’ 形态，但一般用作 ‘했-’ 形态。 ‘으’ 类的动词和形容词，像 ‘쓰+었+어요 → 썼어요’ 一样，元音 ‘으’ 音脱落。

第18课

■ (으)러： 位于表示移动的动词后面指出移动目的。与动词 ‘가다, 오다, 다니다, 나가다, 나오다, 들어가다, 들어오다’ 等一起使用。动词的词干以辅音结尾时，用 ‘-으러’， 以元音结尾时，用 ‘-러’。

第19课

■ 부터 ～까지： 主要与表示时间的名词结合使用，指出某一状态或动作的起点和终点。

■ -(으)ㄹ 거예요： 与动词和形容词的词干相结合，表示将来或揣测。当文章的主语为第一人称或第二人称时，只与动词结合使用，表示主语的意愿或将来的计划；当主语为第三人称时，则表示揣测。在名词后面用 ‘-일 거예요’；动词和形容词的词干以辅音结尾时，用 ‘-을 거예요’，动词和形容词的词干以元音结尾或以 ‘ㄹ’ 收音时，用 ‘-ㄹ 거예요’。

第20课

■ 에게/한테： 位于指人或动物的名词后面，表示其名词为主语所作行为的对象。 ‘에게’ 的尊称为 ‘께’， 植物名词与无生命名词后面用 ‘에’。 ‘한테’ 多用于口语， ‘에게’ 可用于口语与书面语。

■ 에게서/한테서： 表示前面的名词为某一行为的出处或某一事情始发的对象。经常与 ‘받다, 빌리다, 배우다, 얻다, 듣다’ 等动词一并使用， 口语经常用 ‘한테서’。

■ -네요： 用于说话人对于新得知的事实表示感叹。 可与词尾 ‘-았/었/였-’，‘-겠-’ 结合使用。

第21课

■ 만： 表示排除别的一切，唯独选择某一个。 可与名词或其他助词结合使用。

■ -고 있다： 位于动词后面，表示某一动作正在进行或持续。表示尊敬时用 ‘-고 계시다’。

어휘 색인 Vocabulary Glossary

ㄱ

가게	8과
가르치다	15과
가방	6과
가수	5과
가야금	19과
가족	8과
간호사	5과
감사하다	17과
강아지	20과
개(a piece of ~)	10과
건강하다	15과
경찰관	5과
경치	19과
계속	21과
고기	13과
고등학생	15과
고양이	10과
고향	14과
공부	11과
공원	12과
공책	7과
공항	9과
과일	12과
과자	8과
교과서	15과
교실	6과
구경	13과
구두	15과
권	10과
그것	6과
그게	7과
그래서	14과
그럼	12과
그리고	7과
그리다	21과
그림	18과
근처	18과
금요일	13과
기간	19과
기다리다	11과
기숙사	8과
길다	14과
김밥	12과
김치	14과
꽃	14과
꽃가게	8과

ㄴ

나무	9과
나쁘다	14과
날마다	20과
날씨	12과
날짜	13과
남동생	13과
남산	19과
남산골	19과
남이섬	21과
남자	14과
남자 친구	8과
내일	12과
냉장고	14과
넣다	21과
노래	11과
노래방	18과
녹차	14과
놀다	21과
농구	12과
농구	14과
농구장	12과
누가	6과
누구	6과
누나	15과
눈(snow)	20과
뉴스	14과
늦게	17과

ㄷ

다시	16과
달	19과
달력	6과
담배	12과
대학교	7과
대학생	14과
덕수궁	19과
도서관	9과
도쿄	17과
돈	7과
동대문시장	18과
동생	15과
돼지고기	12과
된장찌개	13과
뒤	9과
드라마	14과
드리다	20과
드시다	16과
듣다	20과
-들	6과
등산	17과

ㄹ

라디오	8과
라면	10과
러시아	5과
러시아 어	15과

ㅁ

마리	10과
마시다	11과
마트	19과
만	21과
만나다	11과
만나서 반갑습니다	5과
만들다	18과
많다	14과
많이	8과
맛있다	9과
매일	9과
머리	14과
먹다	11과
먼저	16과
멋있다	14과
며칠	13과
명	10과
명동	11과
몇	8과
모두	6과
모레	19과
목요일	13과
몽골	5과
몽골 어	15과
무슨	13과
무엇	6과
문구점	9과
문법	20과
물	11과
물건	6과
뭐	7과
미국	5과
미술관	19과
미용실	9과